The Guide to Black Movies

ブラックムービー ガイド

杏レラト LERATO AN$

はじめに

２０１８年２月に全米で、そして３月には日本でも『ブラックパンサー』（２０１８年）が公開された。映画は空前の大ヒットとなり、興行成績で様々な記録を破っていった。いわゆるスーパーヒーローが主役のエンターテインメント作品であり、『アイアンマン』（２００８年）、『アベンジャーズ』（２０１２年）、『シビル・ウォー／キャプテン・アメリカ』（２０１６年）、『スパイダーマン：ホームカミング』（２０１７年）などと肩を並べる、押しも押されもせぬ「マーベル映画」であることから、大ヒットは当然のことであるように思われた。しかし、今回ばかりはちょっと趣が違うのだ。『ブラックパンサー』は、ハリウッドの「黒人が主役の映画は世界で売れないのでヒットしにくい」という定説に当てはまってしまうからだ。しかし、今回は違った。黒人監督による黒人が主役の映画で、映画史に名を刻む大ヒットを叩き出したのだ。そして、ハリウッドの人々はこう思った。「ブラックムービーなのに……」。

そう。「ブラックムービー」は、アメリカ黒人の歴史と同じく世間から虐げられてきた。黒人が主役、黒人が監督というだけで、制作予算は下げられ、上映館数も極端に減らされてきた。それどころか、公開にたどり着くことすら難しく、制作は見送られ、デンゼル・ワシントンやウィル・スミスというごく一部のスターを除いて、黒人に主役が与えられることはなかった。

そもそも映画の歴史が始まった時、黒人には作品を作るチャンスや演じるチャンスが全くなかった。黒人をキャスティングするどころか、白人俳優が顔を黒く塗って黒人を演じる「ブラックフェイス」が用いられ、「黒人は怠け者で臆病」というレッテルを一方的に張られ、間違った愚かな姿を晒されてきた醜い歴史があり、彼らは傷ついていたのだ。

では、どのようにしてブラックムービーが誕生したのか。彼らは自分たちで映画を作ることを学んだのだ。少しだけその歴史を振り返ってみよう。

最初に立ちあがったのは、サウスダコタ州の片田舎で小作人として農業を営んでいたオスカー・ミショーという青年だった。彼は農業生活を1冊の本にまとめ、それを『The Homesteader』（1919年／日本未公開）という映画作品にした。その頃、D・W・グリフィス監督による映画の歴史を変える大作『國民の創生』（1915年）が世間を席巻していた。『國民の創生』は「映画の技術を向上させた」と言われるほど画期的で大金が使われた大スペクタクル映画であったが、劇中でブラックフェイスが使われ、白人至上主義団体クー・クラックス・クラン（ＫＫＫ）を称賛し正当化する作品であった。この頃、この映画に触発されて全米各地で新たにＫＫＫが次々と設立され、黒人へのリンチ事件が相次いで起こった。そこでミショーは、2作目に『國民の創生』へのアンサー作品として『Within Our Gates』（１９２０年／日本未公開）を完成させた。本作ではアメリカ南部を舞台にし、黒人女性を悲劇のヒロインとして描き「人が愚かなのは人種のせいではない。それは個人の問題なのだ」と主張している。技術的にはグリフィス監督には到底及ばなかったものの、観れば今でも人々の心を揺さぶるメッセージ性に優れた作品だ。

こうして誕生したアメリカの「ブラックムービー」は、いつも政治的であった。オスカー・ミショーの作品『Body and Soul』（１９２５年／日本未公開）でデビューしたのが、歌手としても知られるポール・ロブソンである。彼はロシア旅行などを経て、共産主義を排他するハリウッドの赤狩りでブラックリスト入りの憂き目に遭い、アメリカでは映画に出演することが出来ず、30年代後半からはイギリスで映画に出演しなければならなかった。

ポール・ロブソンの次に誕生したスターがシドニー・ポワチエである。彼は『野のユリ』（１９６３年）でアカデミー賞主演男優賞に輝いた。『カルメン』（１９５４年）や「バナナ・ボート」[*1]で歌手としても知られるハリー・ベラフォンテは、ポワチエの親友で俳優としてのライバルでもあった。ベラフォンテは、ロブソンに師事し、社会的・政治的な活動にも積極的だった。ベラフォンテに誘われて、ポワチエも50年代から始まる公民権運動に参加するようになり、その運動のリーダーであるマーティン・ルーサー・キング・ジュニア牧師とも交流を育んだという。ベラフォンテとポワチエは、人種差別が蔓延《はびこ》る南部の危険な場所にプライベートジェットで飛んで、不当逮捕された黒人の保釈金を支払ったこともある。白人に従順な役を演じることが多かったポワチエは「ショーケースの黒人」と呼ばれて揶揄されることもあったが、実際はそんなことなど全くなかったのだ。

やがて時代が「ブラックパワー」の70年代に入ろうとする頃、フランスで作家として活動していたのがメルヴィン・ヴァン・ピーブルズだった。アメリカで生まれた彼はもともと「映画を作りたい」という情熱を持っていたが、当時のハリウッドで黒人が映画を作ることは不可能だったので、まずはフランスで本を出版する道を選んだ。フランスで作家としての地位を確立した彼は、念願かなって映画『The Story of a Three-Day Pass』（1968年／日本未公開）を完成させた。アメリカに戻り、大手コロンビアにて『Watermelon Man』（1970年／日本未公開）も制作。その後、大手から引く手あまただったが、全てのオファーを断り自主制作で完成させたのが『スウィート・スウィートバック』（1971年）だった。自分が望む通り映画を制作したメルヴィン・ヴァン・ピーブルズ。自主制作で数少ない上映館数だったのにもかかわらず、連日大盛況で、インディペンデンス映画として歴史に残る興行成績を達成する。やがて、ハリウッドは「ブラックスプロイテーション」と呼ばれる「黒人が主役の、リベンジをテーマにしたアクション映画」を量産していくことになる。

と、若干駆け足で乱暴ながら、黎明期から70年代までのブラックムービーの歴史を綴った。本書は、80年代以降の重要作品の背景を詳細に解説し、ブラックムービーが今までの流れからどのようにして『ブラックパンサー』にまでたどり着いたのかを探索していくのがテーマである。『ブラックパンサー』は、単純に「面白かったから大ヒットしたブラックムービー」ではない。先人たちの長い闘いの末についに生まれた、まさに記念碑的作品なのだ。

ところで、ここまで散々「ブラックムービー」と書いてきたが、なにをそう呼ぶのか、実は一番難しい。黒人監督の作品をそう呼ぶのか？　それとも黒人が主役の作品をそう呼ぶのか？　それともその両方が携わっている作品のみをそう呼ぶべきなのか？　黒人といえども、いわゆる「アフリカ系アメリカ人」なのか？　現在多くなっている、自らの意思でアフリカからやってきた移民や、アメリカ生まれの移民2世のアメリカ黒人はどうなのか？　本書では、その考察もじっくりしていきながら、なぜアメリカで「ブラックムービー」と呼ばれている映画作品が存在しているのか？　そして、なぜ人々は「ブラックムービー」に魅了されるのか……その作り手たちがこれから進む道は？　など、徹底的に解明していきたい。

＊1：日本では、野球選手の野茂英雄がメジャーリーグ進出した際の応援歌が替え歌として使用したことで知られる曲。

THE GUIDE TO BLACK MOVIES CONTENTS
ブラックムービー ガイド——目次

CHAPTER 2

1990年代

CHAPTER 3

2000年代

CHAPTER 1
1980年代

エディ・マーフィーと全く同じ俳優が必要だって?
なんで僕自身じゃダメなの?
で、結局僕に役は貰えなかったって?
——ボビー・テイラー

They want an Eddie Murphy type?
Why can I just act? So I didn't get it?
*——**Bobby Taylor***

『ハリウッド夢工場／オスカーを狙え!!』(1987年)より

ブラックムービーの「顔」スパイク・リー

「ファシスト」と呼ばれた監督

スパイク・リー。「ブラックムービー」というタイトルがつく本の本編1ページ目を飾るのに、これほど相応《ふさわ》しい名前は他にないだろう。本書で80年代以降の作品を中心に取りあげているのも、彼の存在がそうさせた。今現在のブラックムービーの大きな流れを作ったのが彼だからだ。

自ら「僕は映画を撮るために生まれてきた」と語るスパイクは、映画史に残るような興行成績を叩き出した訳でもないし、誰もが楽しめるような娯楽系超大作の監督でもない。賞レースでの評価が期待出来る社会派・アート系監督でありながらアカデミー賞もノミネートだけで、

2016年に名誉賞を受賞したのみである。しかし、映画ファンならば誰もが彼の名を知っている。

彼の代表作のひとつで、人種間の対立と暴動を描いた『ドゥ・ザ・ライト・シング』(1989年)は、史上もっとも論争を呼んだブラックムービーだと言われている。とある白人の記者は「この映画は、公開直後に行われるニューヨークの市長選に多大な影響を及ぼすだろう。そして、もしも黒人市長候補のデイヴィッド・ディンキンズが負けたら、映画のように暴動が起きてニューヨークが火の海になる」と懸念した。スパイクにとっては同胞である黒人評論家のスタンリー・クラウチはこの映画を観て、スパイクのことを「ファシストだ」と呼ぶまで酷評した。しかし実際に映画が公開されると、ニューヨークで暴動など起きなかった。黒人の観客は、スパイクが映画で一貫して発している「目覚めよ(ウェイク・アップ)」というメッセージを読み取り、暴力に訴えるのではなく、投票をしに行ったのだ。その結果、ディンキンズが史上初の黒人ニューヨーク市長となった。

スパイクはいつも自分が正しいと思う声を、恐れずに映画に託してきた。それは時に論争を巻き起こすが、スパイクはファシストではなく、黒人の声を代表することでブラックムービーの「顔」となったのだ。もちろん、過去の黒人監督も黒人の声を代表する存在であったが、スパイクほど、強烈に論争を巻き起こすことで「どんな方法を使っても」声を人々に聞かせるということまではしていなかった。そういった点で、スパイクは唯一無二の存在だ。

彼の才能と偉大さを知っている観客は、最初から彼の前に映画を撮る道が拓《ひら》けていたかのように思ってしまう。しかし、スパイクが辿った道は決して容易《たやす》いものではなかった。有名な黒人詩人ラングストン・ヒューズのこんな詩がある。

わたしの階段には鋲がつきでていたし
むき出しだった
だけどずっと昇ってきた
時には光なんてない
だけど、おまえ、振り返っちゃいけない
苦しいからって、途中で座り込むな
わたしも今でも昇り続けている
それにわたしの一生は、水晶の階段のようなものではなかった

——ラングストン・ヒューズ「母から息子へ」より抜粋

公民権運動家マーティン・ルーサー・キング・ジュニア牧師は『黒人の進む道』（明石書店）という著書の中で、この詩を引用しながら「これはすべての黒人に向けられた挑戦である。この昇り続けるという決意が、闇を光に変えるであろう」と記している。スパイクは挑戦し続けた。彼が歩んだ映画監督への道も、決して「水晶の階段のようなもの」ではなかったのだ。「僕は映画を撮るために生まれてきた」という言葉がスパイクから発せられると、彼らしい自信に満ち溢れた言葉に聞こえる。しかし、意味はそれだけではない。この言葉は、自分自身を鼓舞するための強い決意でもある。彼の過去を振り返りながら、ブラックムービーの顔となるまでの歩みを探っていきたい。

アーネスト・ディッカーソンとの出会い

1957年ジョージア州アトランタ、ジャズ・ミュージシャンの父ビル・リーと学校の教員である母ジャクリーンの間にスパイクが生まれた。その後イリノイ州シカゴで3〜4歳頃まで過ごし、次にニューヨーク州のブルックリンに移った。大学でまたアトランタに戻り、マーティン・ルーサー・キング・ジュニア牧師の母校でもある名門黒人大学モアハウス大学に進む。この時代はブラックスプロイテーション映画[*1]が一世を風靡していたが、スパイクはそれに夢中になることもなく、黒澤明の『羅生門』（1950年）や『七人の侍』（1954年）などを好んで観ていたという。

モアハウス大では、将来一緒に映画制作をしていく後にプロデューサーとなるモンティ・ロス[*2]と常連俳優ビル・ナン[*3]と運命的な出会いを果たす。卒業後は、NYU（ニューヨーク大学）の映画学科に進んだ。

スパイクはNYUで20分のショート映画『The Answer』（1980年／日本未公開）を制作する。白人至上主義を称賛する『國民の創生』（1915年）のリメイクを黒人監督が任されるという内容だったが、教授たちからは散々な評価を得て退学処分寸前となった。しかし、熱心な生徒として知られ、次の年からの教授のアシスタントとして雇われていたスパイクは、何とか退学を免れている。失意の中、『Sarah』（1981年／日本未公開）というアメリカの祝日のひとつでもある感謝祭のディナーを描いたショート映画を制作する。この作品から、初期のスパイク作品を支える撮影監督となるアーネスト・ディッカーソンを撮影監督として起用した。スパイクはディッカーソンとの出会いについて「アーネストを知ったことが、私にとって最も大事なことだった」と話している。そしてこの作品では父であるビル・リーの曲をふんだんに使用している。ここで初期スパイク・リー作品の原形が出来たことになる。

失意の連続から起死回生の逆転勝利

NYUでは、3年目に音入りの映画を論文代わりに制作しなければならなかった。そこでスパイクは『ジョーズ・バーバー・ショップ』(1983年)を制作する。故郷ブルックリンの理髪店を舞台にしたナンバー賭博を扱う作品である。当時アトランタにいたモンティ・ロスは、スパイクからの電話による熱烈な依頼を受け、この映画の主演を務めている(ロスは、NYに着いた途端に俳優だけでなく運転手やプロダクション・アシスタントの仕事までさせられたという)。

この映画のサウンド録音担当はNYUのクラスメイトで、後に『ブロークバック・マウンテン』(2005年)と『ライフ・オブ・パイ/トラと漂流した227日』(2012年)で2度もアカデミー監督賞を受賞したアン・リー。スパイクの話の巧みな物語とディッカーソンが捉えたイメージが合致したこの作品は、瞬く間に評価を得た。公共放送サービス(PBS)にてこの映画を観て「これこそ私が知るブルックリンそのもの」と称賛したのが、音楽評論家で後に映画監督にもなるネルソン・ジョージだった。ジョージの評価が伝わり、スパイクがアルバイトをしていたファースト・ラン・フィーチャーズの配給で劇場公開が決まった。60分程度の学生の自主作品が映画館で上映されるのは稀なことである。この映画にて、スパイクは学生アカデミー賞のドラマ部門を受賞する。まさに失意の連続から起死回生の逆転勝利であった。

大学を卒業したスパイクは彼らしく自信に満ちた大胆さで、全米映画俳優組合（SAG）に所属している黒人俳優全員に『ジョーズ・バーバー・ショップ』を観て欲しいと手紙を書いた。手紙を受け取った1人で、後にスパイク作品で重要な人物となる俳優・監督のオシー・デイヴィスはその手紙を捨てることなく保管していたそうで、そこには「いつかあなたと一緒にお仕事がしたい」と書いてあったと話している。そしてこの頃に、同じNYU卒業生であるジム・ジャームッシュの『ストレンジャー・ザン・パラダイス』（1984年）が評価されヒットしたことは、「自分たちの映画が認められた！」という励みになったという。

MVが却下され、映画の制作も頓挫

NYU卒業後、スパイクのキャリアは決してトントン拍子ではなかった。当時、MTVが誕生したことでにわかに注目を集めていたのがミュージック・ビデオ（MV）の世界だ。スパイクはラップの第一人者でもあるグランドマスター・メリー・メルの「White Lines (Don't Don't Do It)」を監督する。公園で偶然に遭った『地獄の黙示録』（1979年）等で知られる俳優ローレンス・フィッシュバーンをMVの主役に起用。コカイン撲滅を訴える曲で、フィッシュバーンがコカインを吸入するシーンにメリー・メルが所属する音楽レーベルが難色を示し、却下されてしまう（その後、スパイクが有名になった頃にDVDに収められ発売されている）。

スパイクはこの頃、『The Messenger』という脚本を書いている。この作品は、NYを舞台にした自転車のメッセンジャーの物語で、『スクール・デイズ』（1988年）のジュリアン役ジャンカルロ・エスポジートを主演に、ローレンス・フィッシュバーン共演で決まっていたが、敢《あ》え無《な》く制作が頓挫《とんざ》した。この時のことをスパイクは「あの1年は地獄のような思いをした。あんな経験は2度とごめんだ。1度で十分」と語っている。

スパイクが辛酸《しんさん》を嘗《な》める一方で、彼の右腕アーネスト・ディッカーソンは撮影監督として引っ張りだこの存在になっていた。スパイクとディッカーソンは2人で共に、ジョン・セイルズ監督作『ブラザー・フロム・アナザー・プラネット』（1984年）とマイケル・シュルツ監督作『クラッシュ・グルーブ』（1985年）の撮影に参加しようとしているが、両作品共に雇われたのはディッカーソンだけで、スパイクはかなりショックを受けている。

『シーズ・ガッタ・ハヴ・イット』の成功

大忙しだったディッカーソンの帰還を待って制作を開始したのが『シーズ・ガッタ・ハヴ・イット』（1986年）だ。「ポリアモラス・パンセクシャル（同意の元の多重的な全性愛）」という進んだ考えをもつ独身女性が全くタイプの違う3人の恋人の間で揺れ悩みながらも、自分のライフスタイルを選択していくという物語である。この映画は自主制作で、スパイクは自ら「ゲリラ映画制作」と呼んだ。これはメルヴィン・ヴァン・ピーブルズが『スウィート・スウィートバック』（1971年）制作時に使った言葉だ。この撮影中にスパイクは日記を書いており、後に本として出版されている。*4 血のにじむような努力を経て完成させた作品は、カンヌ国際映画祭でも上映され、新人賞のカメラ・ドールは逃したが、かつて存在した、若い監督作品に贈られる「ユース賞」の外国語部門を受賞している。そしてこの映画のプレミアで訪れたサンフランシスコで、同地で行われたサンフランシスコ国際映画祭で黒澤明賞を受賞しに来ていた憧れの黒澤明とも対面している。

『シーズ・ガッタ・ハヴ・イット』は、スパイクのように歴史ある黒人大学を卒業し、社会的に成功して都会で暮らす若い黒人を意味する造語「バッピー（black + yuppy）」を中心にヒット。映画を観て、オシャレなコーヒーショップで映画について議論を交わすというライフスタイルが流行した。そしてスパイクが演じたマーズ・ブラックモンのように、初期のBボーイを彷彿させるバスケットのユニフォームにナイキを履く若者も増えた。この映画の成功により、映画監督スパイク・リーとしてのキャリアが本格的に始動する。

これがきっかけで大ファンであるジャズトランペット奏者マイルス・デイヴィスの

「TUTU」のミュージックビデオの監督を頼まれたり、ＮＢＡのスターダムを駆け上がろうとしていたマイケル・ジョーダンとのナイキのコマーシャルの監督・出演を頼まれたりもした。今ではカルト的な人気ＣＭとなっているこのコマーシャルは、ナイキ創設者の前でジョーダンが『シーズ・ガッタ・ハヴ・イット』の有名なセリフ「プリーズ、ベイビー、プリーズ」を口ずさんだのがきっかけで、スパイクに仕事が舞い込んだそうだ。

さらに、スパイクは大手映画会社コロンビアから一緒に映画を作りたいという電話を受けた。彼は大学卒業から温めていた『Homecoming』の脚本を『スクール・デイズ』（１９８８年）として書き換える。主役は以前にグランドマスター・メリー・メルのＭＶにも出演したローレンス・フィッシュバーン。母校モアハウス大学をモデルにミッション大学という架空の黒人名門大学のフラタニティ（男性の社交クラブ）やソロリティ（女性の社交クラブ）を舞台にしたコメディだ。当初はこの映画の撮影に母校モアハウス大学が協力していたが、大学が「映画の内容が大学の尊厳を傷つけるかもしれない」と怖気づき、スパイクを追い出してしまう。母校から酷い扱いをされたスパイクはショックを受けたが、アトランタ近郊の大学が協力してくれたことで、何とか映画は完成した。本作では大学を卒業したばかりのスパイクから手紙を受け取ったオシー・デイヴィスが、ギャラを格安に抑えてまで出演している。この映画で使用されたサウンドトラック曲「Da Butt」がビルボードのブラック・シングル部門で１位を獲得するなど、ヒット曲も生まれた。

『ドゥ・ザ・ライト・シング』の誕生

そして1989年、時代は変わろうとしていた。音楽チャート誌ビルボードは、この年からラップ部門「ホット・ラップ・ソング」を開始。NYで生まれたラップが世界的に受け入れられるようになったのだ。かつて、ラップ専門レーベル「デフ・ジャム」の設立を描いた『クラッシュ・グルーブ』（1985年）の助監督になれなかったスパイクだったが、その映画の続編的な『タファー・ザン・レザー』（1988年）の監督を打診される。脚本を読んだスパイクは「ブラックスプロイテーションみたいにランDMCの3人が無意味に暴れるんだ。そんなのやりたくない。やるならパブリック・エナミーのアルバム『パブリック・エナミーⅡ』みたいな意味のある作品に携わりたい」と言って断っている。

次作のテーマを模索する中、スパイクは2つの事件の記事に目を留める。「タワナ・ブローリー事件」（1987年）と「ハワードビーチ人種差別殺人事件」（1986年）だ。タワナ・ブローリー事件は、数日間行方不明になっていた15歳のタワナ・ブローリーが、住んでいたアパート近くのゴミ箱の中で意識不明の中、汚物まみれにされた上に、差別用語を胴体に書かれた状態で放置されていたところを発見されたというもの。強姦罪容疑で警察官らが逮捕されたが、「タワナの虚言」と裁判所が判断し、容疑者が不起訴となった事件である。ハワードビーチの事件は、黒人男性4人組の車がドライブ中に故障し、近くの白人移住地区ハワードビーチで救けを求めようとしたが、住民のイタリア系の若者たちといざこざになり、黒人男性のうちの1人マイケル・グリフィスが酷く殴られ、逃げようとした際に車と衝突して死亡した事件である。どちらもニューヨークで発生したヘイトクライムだ。

これらの事件にインスパイアされたスパイクは『ドゥ・ザ・ライト・シング』（1989年）の脚本を書き上げた。ブルックリンの黒人が多く住む一角でピザ屋を経営しているイタリア系の親子と黒人住民のトラブルを描いた社会派作品である。「『パブリック・エナミーⅡ』みたいな作品に携わりたい」と思っていたスパイクは、サウンドトラックにパブリック・エナミーを起用。オープニングから効果的に音楽が流れ、物語の要となった曲「Fight The Power」は、今でも人々に語り継がれている。まさにこの時代を代表する名曲だ。この作品の舞台となったブルックリンのベッドフォード＝スタイベサントの街の外壁には沢山のメッセージが記されている。そのひとつが「タワナ（・ブローリー）は真実を話した」というもの。これは恐らく、この作品にも出演している俳優・監督オシー・デイヴィスの過去作品の影響だと思われる。[*5] この作品で、スパイクはアカデミー賞の脚本賞に初めてノミネートされ、国立図書館に永久保存される作品を決める「アメリカ国立フィルム登録簿」にも公開から10年後の1999年に登録されている。登録簿の条件が「最低でも公開から10年経った作品」なので、登録の異例の速さがこの映画のインパクトを物語っている。

こうして、黒人社会の声を代弁するブラックムービーの顔スパイク・リーは誕生した。彼は失敗を繰り返しながらも、その度に「僕は映画監督になるために生まれてきた」と奮起し、険しい階段を上り続けたのだ。この後もスパイクは、ブラックムービーの大きな流れを作っていく。黒人社会の内側の声を自分たち自身が代弁することで社会を変え、黒人が大学で映画を学んでも、成功出来るということを証明したのだ。ここから近代ブラックムービーの歴史が始まっていく。

＊1：Blaxploitation＝黒人が主役で、黒人から搾取している悪党へのリベンジを果たすアクション映画のこと。Blax（Blacks黒人たち）＋Exploitation（搾取）の造語で、黒人のイメージや黒人観客からお金を搾取するという意味もある。

＊2：スパイク・リー映画には『ジョーズ・バーバー・ショップ』（1983年）以来関わり、『スクール・デイズ』（1988年）からプロデューサーに。スパイクとは『クロッカーズ』（1995年）まで共にした。一旦間が空いて、『インサイド・マン』（2006年）ではインターンシップのコーディネーターを務めている。

＊3：『シャーキーズ・マシーン』（1981年）の小さな役でデビューした後、スパイク・リーの『スクール・デイズ』（1988年）のアメリカンフットボール選手役で本格デビュー。『ドゥ・ザ・ライト・シング』（1989年）の物語の要となるラジオ・ラヒーム役が当たり役。90年代に入り『ニュー・ジャック・シティ』（1991年）のダダーマン、トビー・マグワイア版『スパイダーマン』（2002年）のロビー・ロバートソン役でもお馴染み。2016年没。

＊4：タイトルは『Spike Lee's Gotta Have It - Inside Guerrilla Filmmaking』。日本翻訳本は『スパイク・リーの軌跡』（マガジンハウス）。

＊5：『ロールスロイスに銀の銃』（1970年）では、「Dope is Death（麻薬は死だ）」。『ゴードンの戦い』（1973年）では、「Free H. Rap Brown（H・ラップ・ブラウンを開放せよ！）」など。H・ラップ・ブラウンは、公民権時代にSNCC（学生非暴力調整委員会）の議長を務めた後に、ブラック・パンサー党の幹部として迎えられた人物。

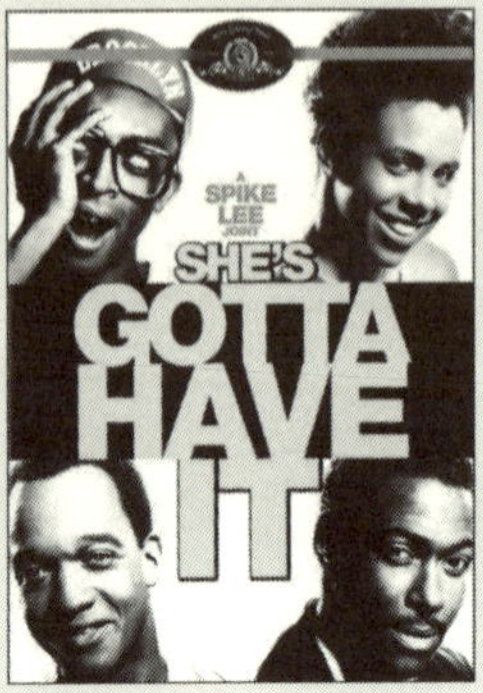

She's Gotta Have It
シーズ・ガッタ・ハヴ・イット

1986

黒人女性ノラと、3人のボーイフレンドの関係を描いたコメディ。スパイク・リー作品のメインテーマが「差別との闘い」だとするならば、サブテーマは「女性のセックス」であろう。ハリウッドには、黒人女性を「セックス・オブジェクト」として扱っていた歴史がある。セクシーさを売りにしていたのは「ライト・スキン」と呼ばれる肌の色の薄い黒人女優たちだったが、レイプ被害者を演じるのは、肌の色の濃い女優が多かった。本作では比較的肌の色が濃いノラが性を開放する様を描くことで、ハリウッドの悪しき風習と歴史に真っ向から立ち向かったのだ。

監督●スパイク・リー
脚本●スパイク・リー
出演●トレイシー・カミラ・ジョーンズ、トミー・レッドモンド・ヒックス、ジョン・カナダ・テレル、スパイク・リー

School Daze
スクール・デイズ

1988

スパイク・リー自身の大学時代の経験を元に長年温めた脚本をコメディ仕立てにしたドラマ。冒頭から奴隷船の過酷さを訴える絵や著名な黒人活動家などのポートレートなどを見せ、黒人の歴史を振り返る。その先には、この映画の舞台となった架空の黒人大学があり、黒人コミュニティの中でもライト・スキンとダーク・スキンが競い合う。黒人として「目覚めよ!」と主張する主人公のグループと、主流に同化しようとするフラタニティ・グループが対立する。主人公が呼びかける「目覚めよ!」はスパイク・リーのスローガンともなった。

監督●スパイク・リー
脚本●スパイク・リー
出演●ローレンス・フィッシュバーン、ジャンカルロ・エスポジート、ティシャ・キャンベル・マーティン

Do the Right Thing
ドゥ・ザ・ライト・シング

1989

監督●スパイク・リー
脚本●スパイク・リー
出演●ダニー・アイエロ、オシー・デイヴィス、スパイク・リー、ルビー・ディー

この当時、ニューヨークで起きていた様々な事件と変化に触発されてスパイクが書き上げた社会派ドラマ。黒人街にあるイタリア系一家が経営する小さなピザ屋を舞台に、悲劇が連鎖して起き、大きな暴動に発展していく。『トワイライト・ゾーン』（1959〜1964年）で「気温が35℃を超えた熱い日には殺人事件が増える」というエピソードを観ていたスパイクがその要素をミックスし、人種対立の一発触発の状況を上手く表現した。パブリック・エナミーの主題歌と共に、時代を代表する重要作品になっている。

インディペンデンス系の監督たち

間違ったイメージを正すには、自分たちで映画を作るしかない

「はじめに」で触れたように、黒人映画監督たちの作品は基本的に自主制作である。スパイク・リーの項を読んで頂いても、それが良く分かるはずだ。なぜそうなってしまうかというと、早い話が「黒人だから」に他ならない。「黒人だから」才能と頭脳がないと出来ない映画監督なんて無理、「黒人だから」観客を呼べる作品を作ることなんて出来ないなど……アメリカの社会構造ゆえに、結局のところはそこにたどり着いてしまう。

黒人文学の巨匠ジェームズ・ボールドウィンは、幼少時を過ごした1920年代後半～1930年代頃から映画ファンだった。彼はジョン・ウェインなど白人の英雄たちがアメリカ先住

民をやっつけるシーンで、何の疑問もなくジョン・ウェインを応援していた。しかし、後に「白人に迫害される先住民こそが自分の姿なのだ」と気づき、愕然としたと語っている。そして当時の映画で描かれるような「いつも怯えていて、怠惰で、責任感のない黒人キャラクターの姿は、自分たちの本当の姿ではない」とボールドウィンは嘆いた。

既存の映画が誤った黒人のイメージを振りまいているのであれば、そのイメージを正すために自分たちで映画を作るしかない。そういった原動力を持って、オスカー・ミショーやメルヴィン・ヴァン・ピーブルズやスパイク・リーが誕生した。スパイクもインディペンデンスからキャリアをスタートした監督に違いないが、オスカー・ミショーやメルヴィン・ヴァン・ピーブルズ[*1]という人たちと決定的に違う点がある。それは大学の映画学科で学んだという点だ。大学で映画を専門的に学んだわけではないミショーやヴァン・ピーブルズの流れを汲む監督が80年代にも誕生している。ロバート・タウンゼントとキーネン・アイヴォリー・ウェイアンズの２人だ。この項では彼らのようなインディペンデンス系の監督を紹介したい。

スタンダップ・コメディから映画の世界へ

ロバート・タウンゼントは１９５７年イリノイ州シカゴ生まれ。幼い頃からエンターテインメントの世界に憧れ、高校在学時から地元シカゴにある「セカンド・シティ」というコメディ劇団のワークショップで演劇を学んだ。セカンド・シティは『ゴーストバスターズ』（1984年）などで知られるビル・マーレイやダン・エイクロイドなどが所属していたことで有名だ。その頃に地元シカゴが舞台の黒人青春映画『Cooley High』（1975年／日本未公開）に小さな役で出演。その後にイリノイ州立大学に進むも退学し、ニューヨークに渡り、デンゼル・ワシントンやサミュエル・L・ジャクソンを輩出した劇団ニグロ・アンサンブル・カンパニーで学ぶ。その頃にスタンダップコメディ（漫談）を始めた。

キーネン・アイヴォリー・ウェイアンズは1958年ニューヨーク州ニューヨーク生まれ。10人兄弟の上から2番目で、学業に優れ、大学は歴史ある黒人名門大学タスキーギ大学に進み、エンジニアを目指していた。しかし、コメディアンになる夢が捨てきれず、大学在学中もその道を模索していたが、タスキーギ大学はアラバマ州の田舎にあるため、そこで大学に通いながらショービジネスの世界を目指すのには限界があると感じ、退学をしてニューヨークに戻る。

こうして2人は、同じ時期にニューヨークでスタンダップコメディの世界に飛び込んだ。大都会ニューヨークとはいえ、スタンダップコメディのクラブは数に限りがあるので、志を同じくする2人はオーディションなどで出会い意気投合。いつか面白いことを2人でやりたいと夢を語り合った。そして2人は、1台の車でハリウッドを目指してアメリカ大陸を横断する。

タウンゼントもウェイアンズも小さな役ではあるが映画に出演した経験はあり、タウンゼントは名作『ソルジャー・ストーリー』（1984年）にも出演している。そういった経験から見よう見まねで、自分たちの経験を映画にしてみることにした。それが『ハリウッド夢工場／オスカーを狙え!!』（1987年）だ。資金のない2人は、取りあえずクレジットカードを作りまくり、全て限度額まで使いきり制作費に充てた。そして場所代を浮かせるために、UCLAのロゴが入ったTシャツやジャケットを着て、学生映画の制作だと偽った。そのようにして撮られた『ハリウッド夢工場／オスカーを狙え!!』は、まさに自分たちの姿を投影した作品で、ハリウッドでいかに若い黒人の役者たちが映画やテレビに出ることが難しく、仕事にありつけても偏見に満ちた役や作品であるかということを、彼らしく軽快に皮肉ったコメディだった。この作品を気に入ったサミュエル・ゴールドウィン・スタジオが配給権利を購入し、2人のクレジット支払いを回収し、映画制作にクレジットカードを使用したことは後に伝説化した。そして映画は制作費の50倍を稼ぐヒットとなったのだ。

エディ・マーフィーによるフックアップ

その成功を知った80年代最大のスーパースターの１人、エディ・マーフィーが彼らに目をつける。この頃のマーフィーは映画俳優として絶好調であったが、スタンダップコメディ・ライブのスペシャル番組も好調で、出来たばかりのＨＢＯ（有料放送チャンネル）での『エディ・マーフィー／ライブ！ライブ！ライブ！』（１９８３年）が話題になっていた。マーフィーは２人に続くスタンダップコメディのライブコンサート映画『エディ・マーフィー／ロウ』（１９８７年）の制作[*2]に２人を抜擢。この作品は映画として劇場公開され、スタンダップコメディのライブコンサート映画としての興行成績歴代１位を獲得し、30年以上経った今でも[*3]この記録は破られていない。

こうしてロバート・タウンゼント監督&キーネン・アイヴォリー・ウェイアンズ制作のコンビが誕生した。

ウェイアンズも自ら映画を監督してみたいという気持ちが高まり、ユナイテッド・アーティスツと、70年代のブラックスプロイテーション映画のパロディ映画『ゴールデン・ヒーロー／最後の聖戦』（１９８８年）を完成させる。実際に70年代のブラックスプロイテーション映画で主役を演じていたバーニー・ケイシーやジム・ブラウン、アイザック・ヘイズを起用した、ウェイアンズ映画のその後の特徴となるウェイアンズ兄弟を起用したパロディ映画であり、無名時代のクリス・ロックが小さな役ながら強烈な印象を残していたりと、現在ではカルト化している1本だ。映画公開時はそこそこの収益だったが、その後のビデオやDVD販売で成績を伸ばした作品である。

アイデアと才能で勝負する若手監督

80年代が終わりに差し掛かった1989年に興味深いインディペンデンス映画が2本誕生する。ウェンデル・B・ハリス・ジュニアの『Chameleon Street』（1989年／日本未公開）と、チャールズ・レインの『サイドウォーク・ストーリー』（1989年）だ。

『Chameleon Street』は、インディペンデンス映画の最高峰とも言われているサンダンス映画祭の大賞を黒人監督として初めて受賞した。物語は、高校を中退した男が医者や弁護士やリポーターなど高学歴が必要とされている職業を「カメレオン」の如く装うというもの。ウィリアム・ダグラス・ストリート・ジュニアという実在する詐欺師の話を映画化したものだ。なお『ハン・ソロ／スター・ウォーズ・ストーリー』（2018年）などで有名なドナルド・グローヴァーが主演・製作を務める人気TVシリーズ『アトランタ』（2016年〜）には『Chameleon Street』を思わせるシーンがあり、再評価の声が高まっている。

『サイドウォーク・ストーリー』は、チャーリー・チャップリンの名作『キッド』（1921

年）の黒人版ともいわれる作品で、父親が殺されてしまった幼児とその子を助けた男の交流が、全編白黒でほぼセリフもなく撮影されている。これがインディペンデント・スピリット賞にノミネートされ、チャールズ・レイン監督は才能が認められて大手のタッチストーン社と共に『トゥルー・アイデンティティー／正体知られて大ピンチ』（1991年）を制作。イギリスでスタンダップコメディアンとして人気だったレニー・ヘンリーを主役に、悪党たちから逃れるために白人に化けるコメディを制作した。しかし、これが批評家から散々な評価を受けてしまう。それでも1991年に起きたムーブメント「ブラック・フィルム・ルネッサンス」では、期待される黒人監督の1人としてスパイク・リーやジョン・シングルトンなどと共に雑誌の表紙を飾ることもあった。しかし、その後のキャリアではテレビ番組を監督したのみとなっている。俳優としては、マリオ・ヴァン・ピーブルズの西部劇『黒豹のバラード』（1993年）にてウィージーという役で出演しているので、日本人の映画ファンで彼の顔を覚えている人も少なくないだろう。

失敗と成功を繰り返しながら、アイデアと才能で勝負したインディペンデンス系の監督たち。彼らのキャリアは華やかな瞬間ばかりではないかもしれない。しかし、やれば出来る。自分たちが納得出来る自分たちの映画が作りたい。その気持ちは皆一緒だったのだ。

＊1：メルヴィン・ヴァン・ピーブルズは大学に進んでいるが、専攻は文学。
＊2：ロバート・タウンゼントが監督、キーネン・アイヴォリー・ウェイアンズがプロデューサーのクレジット。
＊3：2018年4月19日現在。

Hollywood Shuffle

ハリウッド夢工場／オスカーを狙え!!

1987

監督●ロバート・タウンゼント
脚本●ロバート・タウンゼント、キーネン・アイヴォリー・ウェイアンズ
出演●アン＝マリー・ジョンソン、スターレッタ・デュポワ、ヘレン・マーティン、クレイグス・R・ジョンソン

本作は俳優を目指す黒人青年を取り巻くハリウッドの状況を風刺しているので、無論「黒人が白人から受ける差別」がメインテーマだ。しかし、注目すべきなのは黒人同士の社会に潜んでいる問題……「黒人が黒人から受ける差別」をも描いているところである。この重いテーマを、説教くさくないコメディに仕上げているのが素晴らしい。真実が描かれているからこそ観客は笑ってしまい、考えさせられてしまうのだ。これまでの映画は全て黒か白か……または灰色か……のいずれかだった。この映画にてようやく人種を超えた「本当の自分」が描かれた。

日本未公開

Chameleon Street

1989

監督●ウェンデル・B・ハリス・ジュニア
脚本●ウェンデル・B・ハリス・ジュニア
出演●ウェンデル・B・ハリス・ジュニア、ティモシー・アルヴァロ、デイブ・バーバー

本作は主人公が「本当の自分」を見つけるまでの物語で、ずばり「自分探し」がテーマになっている。人は様々な面を持っているというが、主人公は医者や学生に弁護士など様々な職業になりきることで文字通りカメレオンのように変化していく。その変化の過程が世の中を斜めに見た皮肉になっており、そこが面白い。特に、主人公が医者になりきった時の周りの反応や、「ハーバード大卒」と言った時の人々のリアクションには大笑いしてしまう。いかに世の中の人々が肩書きや学歴に左右され、その人の本質を見抜けないでいるか……それが浮き彫りになるのだ。

80年代の黒人スターたち

ドル箱大スター、エディ・マーフィー

80年代のハリウッドでは、かつてないほどのスーパースターが誕生した。もちろんそれ以前に黒人のスターがいなかったわけではない。50年代にはシドニー・ポワチエやハリー・ベラフォンテなど、その前にはポール・ロブソンなどの主演スターがおり、演技力の評価は非常に高く、人々に愛されていたが、いわゆるドル箱スターではなかった。1984年、1人の男がその常識を塗り変える。デトロイト・ライオンズのジャケットを羽織り、OKサインで笑顔を振りまく23歳の青年、エディ・マーフィーだ。

彼は19歳の若さで人気TVバラエティ番組『サタデー・ナイト・ライブ』(1975年〜)のレギュラーに抜擢され、番組の顔としていくつもの人気キャラクターを生んだ。スクリーンデ

ビュー作『48時間』（1982年）ではいきなり主役級を演じることになる。ニック・ノルティ演じる刑事の事件解決のため「48時間限りの相棒」となる黒人青年を演じたのだ。制作会社は大手のパラマウント社で、監督はプロデューサーとして『エイリアン』（1979年）を当てたばかりのウォルター・ヒル。1200万ドルの制作費で、7900万ドルの収益を得た。

続く『大逆転』（1983年）も9000万ドルの大ヒットとなる。2人の富豪老人の賭けの犠牲になった貧乏な黒人青年と白人青年が共謀して富豪老人をやっつけるという物語だ。『48時間』も『大逆転』も今では一般的な「バディ映画」の先駆けだった。「黒人単独の主演では客を引っ張れない」と判断したハリウッドが、苦肉の策として考え出したフォーマットがバディ映画なのだ。

『ビバリーヒルズ・コップ』で評価を確立

『48時間』と『大逆転』のヒットでようやくマーフィーの人気に確信を持ち、気をよくしたパラマウント社は、彼と映画を作り続けていくことになる。ここで満を持して、パラマウント社はマーフィーを主役に『ビバリーヒルズ・コップ』（1984年）を制作する。デトロイト警察の刑事に扮するマーフィーが友人を殺害した犯人を追い、ビバリーヒルズにたどり着き、現地の刑事と共に犯人を追うコメディ。これが空前の大ヒットとなった。8500万ドルの制作費で、全世界で３億１６００万ドルを稼ぎ、１９８４年公開映画の中[*1]で興行成績１位となっている。

しかし次作『ゴールデン・チャイルド』（１９８６年）ではコケてしまう。これは世界の破滅を防ぐために「ゴールデン・チャイルド」と呼ばれる子供を探し救い出すというＳＦ調のアクション映画だった。主役を演じたマーフィーのネームバリューだけで８０００万ドルの収益を上げたが、批評家からの評価は散々で、マーフィー本人も「クソみたいな映画だけど、ヒットした」と語っている。

そしてもちろん、パラマウント社はマーフィーに大ヒット作『ビバリーヒルズ・コップ』の続編『ビバリーヒルズ・コップ２』（１９８７年）を要求し、制作。観客からの期待が高まり、公開第一週目の興行成績は全作の１５００万ドルよりも高い２６００万ドルという数字を叩き出した。しかしトータルでは３億ドルとなり、前作よりは下回っている。ファンはすぐに第三作目が作られると期待したが、マーフィーは違うアプローチを仕掛けてくる。『ビバリーヒルズ・コップ２』でストーリーの原案を担当したことに手応えを感じたマーフィーは、アフリカから来た王子様がアメリカで花嫁探しをするという『星の王子ニューヨークへ行く』（１９８８年）の物語を自ら書きあげた。『大逆転』も監督したジョン・ランディスは、これをロマンチックコメディに仕立てあげ、マーフィー自身はセックスアピールを成功させた。黒人喜劇俳優という枠組みからはみ出た、新世代の黒人主演俳優となったのだ。

映画監督としてのマーフィー

名実共に力を付けたマーフィーが1度だけ自ら監督した映画が『ハーレム・ナイト』(1989年)だ。この作品は、ヒットを立て続けに出してきたマーフィーがパラマウントに無理を言って作らせてもらった……と書いた方が正しいだろう。

『ハーレム・ナイト』は1930年代のニューヨークのハーレムが舞台の、裏社会を描いたコメディである。スタンダップコメディアンのエディ・マーフィーは先駆者の存在をとても大事にしていた。後に俳優・脚本家・スタンダップコメディアンとして活躍する兄のチャーリー・マーフィーとは違って、エディは小さい頃から非常に真面目だったという。チョイ悪の兄チャーリーが両親に内緒でこっそり持っていたのが、リチャード・プライヤーやレッド・フォックスという黒人スタンダップコメディアンたちのネタが録音されているレコードだった。卑猥な言葉(つまり下ネタ)が沢山収録されていたため、両親から隠れるように兄とこっそりとそのアルバムを聴いて、15歳の頃にスタンダップコメディを始めたという早熟な少年がエディ・マーフィーだった。

今や黒人初のドル箱スターとして活躍し、巨額の富と名声を得たマーフィーは、彼らに恩返しがしたいと思い、尊敬する2人をキャスティングした。当時の映画の評価は散々で最低映画を決めるゴールデンラズベリー賞でも最低脚本賞を受賞したが、6000万ドルの収益を上げている。黒人観客の評価は、概ね好評であった。ラッパーのバスタ・ライムスが2001年に発表したシングル曲「Pass the Courvoisier, Part II」のミュージックビデオにはこの映画へのオマージュが込められている。

ちなみに、残念ながら本作が遺作となってしまったレッド・フォックスは、税金トラブルなどで亡くなった時に葬式の費用が払えないほどに困窮していたが、マーフィーが全て費用を負担したというエピソードもある。

そのエディ・マーフィーが憧れたリチャード・プライヤーも、80年代には映画で大活躍した。この頃のプライヤーはジーン・ワイルダーとコンビで出演することが多く、『スター・クレイジー』（1980年）や『見ざる聞かざる目撃者』（1989年）で共演している。そして『スーパーマンⅢ／電子の要塞』（1983年）への出演は特筆すべきだろう。映画は散々な評価だったが、この映画に出演したプライヤーの将来を見込んで、大手のコロンビア社は当時としては破格の4000万ドルで5年間に少なくとも3本に出演するという契約を交わしている。それで出来たのが、プライヤーの自伝的な作品『ジョ・ジョ・ダンサー』（1986年）だ。プライヤーは脚本だけでなく、自らメガホンをとった。そしてこの時に、プライヤーは「インディゴ」という制作会社を設立して友人の俳優ジム・ブラウンを代表にした。今でこそ、ウィル・スミスやブラッド・ピットのように人気俳優が制作会社を設立することは珍しくないが、この当時は異例のことだった。特に黒人俳優では、[*2] 異例中の異例となる。この頃のプライヤーには、それほどの力があったということだ。

マイケル・ジャクソンとプリンス

マーフィーと並んで80年代を代表するエンターテイナーと言えば、マイケル・ジャクソンを外すことは出来ない。彼がいかにスターであったかはもはや説明不要であろう。70年代には、ダイアナ・ロスと共に『オズの魔法使』（1939年）の黒人版『ウィズ』（1978年）にかかし役で出演していたが、80年代には『ムーンウォーカー』（1988年）を自ら制作した。これはいわゆるひとつの物語が語られていく作品ではなく、彼のアルバム『Bad』収録曲のミュージックビデオや、子供たちを麻薬から救おうとするショートストーリーなどを繋げた作品である。マイケルが有名にしたダンス「ムーンウォーク」からつけられたタイトルで日本やヨーロッパでは劇場公開されたが、アメリカ本国の劇場公開を制作のワーナー・ブラザーズが中止してしまい、翌年にビデオスルーとなった。そんな紆余曲折もあって、映画の世界では語られる機会が少ない作品となってしまっているが、この映画を元に『マイケル・ジャクソンズ・ムーンウォーカー』というゲームが作られたりもしているという、隠れた人気作品である。

マイケル・ジャクソンと同じ時代を駆け抜けた稀代のミュージシャン、プリンス。彼は人気が絶頂期を迎えようとしていた頃の1984年に半自伝的な映画『プリンス／パープル・レイン』（1984年）を発表する。プリンスの地元ミネソタ州ミネアポリスを舞台に、若きミュージシャンが両親の間で悩みながらも新しい恋を見つけ、ミュージシャンとしての人気の浮き沈みを経て、新曲「Purple Rain」を発表するまでが描かれたミュージカル作品だ。繊細でチャーミングなプリンスの魅力がたっぷり詰まった作品で、アカデミー賞の歌曲・編曲賞を受賞している。映画はたった720万ドルの制作予算で、10倍の7200万ドルの収益を得て大成功を収めた。

その後プリンスは『プリンス／アンダー・ザ・チェリー・ムーン』（1986年）を自ら監督し、全編白黒の映像で彼独自の世界を表現して見せた。他にもドキュメンタリー映画『プリンス／サイン・オブ・ザ・タイムズ』（1987年）や、ミュージカル映画『プリンス／グラフィティ・ブリッジ』（1990年）の両方でも監督を担当するなど、積極的に映画に参加し、音楽だけでなく映画の中でも彼の世界観を表現していた。『バットマン』（1989年）の主題歌での活躍も印象深い。

次々に誕生する黒人スターたち

80年代以降のブラックムービーを牽引《けんいん》していくのが、デンゼル・ワシントンだ。彼の本格スクリーンデビューも80年代である。1977年にオリンピック選手ウィルマ・ルドルフを描いたTV映画『ウィルマ』（1977年）で俳優デビュー。スクリーンデビューは、『ハロー、ダディ！』（1981年）。「長い間探していた父は白人だった！」というコメディ作品で、父親を探す息子をワシントンが演じている。ワシントンが強烈な存在感を残しスターダムへと駆け上がっていくきっかけとなったのが、『ソルジャー・ストーリー』（1984年）である。この作品は、1967年に設立された黒人演劇団の「ニグロ・アンサンブル・カンパニー」*3のチャールズ・フュラーが書いた戯曲で、1982年にピューリッツァー賞のドラマ部門を受賞している。1940年代、南部にあるアメリカ陸軍の基地を舞台にした、軍内と南部での人種差別を描いた社会派ドラマで、アカデミー賞に作品賞・助演男優賞（アドルフ・シーザー）・脚本賞の3部門でノミネートされた。ワシントンは舞台版と同じ若き軍人を演じている。その後も彼は、『遠い夜明け』(1987年)に『グローリー』(1989年)と着実にキャリアを積んでいき、その2作でアカデミー賞助演男優賞にノミネート、『グローリー』で受賞している。この作品については、後で説明する。

デンゼル・ワシントンが主役級のスターになるまで、この時期のブラックムービーの主役を張っていたのが、『ソルジャー・ストーリー』の主役ハワード・E・ロリンズ・ジュニアだ。『カッコーの巣の上で』(1975年)の名匠ミロス・フォアマン監督がアメリカの20世紀の歴史を描いた『ラグタイム』(1981年)にも重要な役で出演し、映画『夜の大捜査線』(1967年)のTVシリーズ版『新・夜の大捜査線』(1988〜1994年)では、映画版でシドニー・ポワチエが演じていたヴァージル・ティップスを演じている。ますますの活躍が期待されていたロリンズだったが、1996年に46歳の若さで病気のため他界している。

1960年代から映画に出演し、70年代は子供向け教育番組『英語と遊ぼう エレクトリック・カンパニー』(1971〜1977年)でお茶の間では知られた存在だったが、俳優としてはなかなか芽が出なかったのがモーガン・フリーマンだ。彼はTVシリーズのゲスト出演やTV映画などに甘んじていたが、『NYストリート・スマート』(1987年)に出演したことで転機が訪れた。これは崖っぷちの雑誌ライターが売春の物語をでっち上げたことで、関係ないピンプ（ポン引き）が警察に目を付けられてしまうという物語だ。『スケアクロウ』（1973年）のジェリー・シャッツバーグ監督作で、さほど話題にならなかったが、フリーマンが演じたピンプが批評家たちに好評で、アカデミー賞の助演男優賞にノミネートされ、一躍注目される俳優となった。

アカデミー賞の作品賞を受賞した『ドライビング Miss デイジー』（1989年）、そしてデンゼル・ワシントンと共演した『グローリー』（1989年）と立て続けに話題作に出演し、彼は一流俳優の仲間入りを果たした。フリーマンは、いわゆる黒人観客が好きな作品にはあまり出演していないが、主演作『ワイルド・チェンジ』（1989年）は多くの黒人観客の心に残っている。この作品では、ジョー・ルイス・クラークという実在の人物を演じた。「クレイジー・ジョー」のあだ名で呼ばれ、タイム誌の表紙も飾ったことのあるジョーが、ニュージャージー州の荒れ果てた高校を画期的な方法で立て直すという物語だ。フリーマンは、NAACP（全国有色人種向上協会）主催のイメージ賞にて、この作品で初めてノミネートを果たし、主演男優賞を受賞した。原題の『Lean on Me』はビル・ウィザースの同タイトルの名曲から。

他にも、『カラーパープル』（1985年）に出演していたウーピー・ゴールドバーグ、ダニー・グローヴァー、オプラ・ウィンフリーの活躍は目を見張るものがあった。ゴールドバーグは『ジャンピン・ジャック・フラッシュ』（1986年）などで主演を張り、テッド・ダンソンとの交際でゴシップ誌に追いかけ回され、その時の過激な発言が注目を集めることも少なくなかった。ダニー・グローヴァーは、メル・ギブソンとのバディ映画『リーサル・ウェポン』（1987年）が大当たりしてシリーズ化され、人気を不動のものとした。オプラ・ウィンフリーは自身のTVトーク番組『The Oprah Winfrey Show』（1986〜2011年／日本未放映）が特大ヒット。25年も続いた番組で、ウィンフリー自身が望めば、今でも続いていたであろうお化け番組だ。彼女は政治的な力も持ち、今では泣く子も黙るご意見番として君臨している。

インディペンデンス映画からではなく、70年代から活躍し、この時期にも監督として第一線で活動をしていたのが、マイケル・シュルツである。ウィスコンシン州ミルウォーキー出身のシュルツは、1968年にニグロ・アンサンブル・カンパニーに入団。次の年には『Does a Tiger Wear a Necktie?』という舞台で、いきなり舞台最高峰の賞トニー賞にノミネートされる。有名な黒人戯曲家ロレイン・ハンズベリーの『To Be Young, Gifted and Black』の舞台も成功させ、それがテレビで放送されたのをきっかけに監督業を始めたため、70年代から『Cooley High』（1975年／日本未公開）、『カー・ウォッシュ』（1976年）などで有名だった。80年代に入ってからは、デンゼル・ワシントンのデビュー作『ハロー、ダディ！』（1981年）や、カルト人気となっている音楽モータウン・レーベル制作のマーシャルアーツ映画『ラスト・ドラゴン』（1985年）、ヒップホップ専門音楽レーベルのデフ・ジャム物語『クラッシュ・グルーブ』（1985年）、恰幅《かっぷく》の良いラッパー3人組ファット・ボーイズの『ファット・ボーイズの突撃ヘルパー』（1987年）など、コメディを中心に大活躍した。シュルツは今でも現役で、DCコミック・ヒーローのTVシリーズ『ブラックライトニング』（2018〜）の監督も手掛けている。

スターたちが華々しく活躍した80年代が、いかに今のブラックムービーの元となっているか、良く分かって頂けたと思う。

＊1：ちなみに1984年の他の公開映画は、『ターミネーター』や『エルム街の悪夢』など。

＊2：1969年にシドニー・ポワチエがバーブラ・ストライサンドとポール・ニューマン、スティーヴ・マックイーンと共に4人で「ファースト・アーティスツ」という制作会社を設立したことはある。ポワチエ主演・監督の『ピース・オブ・アクション』（1977年）ストライサンド主演の『スター誕生』（1976年）を完成させている。

＊3：1967年にニューヨークで、俳優・戯曲家ダグラス・ターナー・ワードと俳優ロバート・フックスらにより結成された劇団。デンゼル・ワシントン、アンジェラ・バセット、サミュエル・L・ジャクソン、ジャンカルロ・エスポジート、ビル・デュークなどを輩出した黒人俳優にとっての登竜門。俳優だけでなく、戯曲家や舞台演出家なども輩出した。

重要作品レビュー

Beverly Hills Cop
ビバリーヒルズ・コップ
1984

マーフィーの映画初主演作にして、彼の人気を不動にした大ヒット作品であり、文句無しに誰でも楽しめる超娯楽映画だ。軽快なセリフに合わせた、これまた軽快な音楽が素晴らしい。ミシガン州デトロイトというブルーカラーが多い都市から、カリフォルニア州ビバリーヒルズという上流階級が住む地区に行くということでその格差を浮き彫りにするという視点も面白かった。この頃のマーフィーの魅力がたっぷりと詰まっており、俳優としての勢いが感じられる。スピード感溢れる、これぞ80年代映画の決定版である。

監督●マーティン・ブレスト
脚本●ダニエル・ペトリー
出演●エディ・マーフィー、ジャッジ・ラインホルド、ジョン・アシュトン、リサ・アイルバッカー

Coming to America
星の王子ニューヨークへ行く
1988

マーフィーとアルセニオ・ホールの軽快な掛け合いが本当に素晴らしい、現代コメディのクラシック。ジェームス・アール・ジョーンズの貫禄のある王様ぶり、エリク・ラ・サルの十八番である「どこまでも嫌な奴」な演技も見事だ。多くの後輩俳優にSAG（映画俳優組合）への道を広げた、マーフィーの懐の深さを感じさせる一本。サミュエル・L・ジャクソンに、キューバ・グッディング・ジュニア、ヴォンディ・カーティス=ホール、ガーセル・ビューバイス、ルーベン・サンティアゴ=ハドソンなど、この作品を経て育った俳優が多いのもうなづける。

監督●ジョン・ランディス
脚本●デビッド・シェフィールド
出演●エディ・マーフィー、アーセニオ・ホール、シャーリー・ヘドリー

監督●エディ・マーフィー
脚本●エディ・マーフィー
出演●エディ・マーフィー、リチャード・プライヤー、レッド・フォックス、デラ・リーズ

Harlem Nights
ハーレム・ナイト

1989

マーフィー初にして（今のところ）唯一の監督作品である。最低映画を決めるゴールデン・ラズベリー賞の最低脚本賞を受賞してしまっているが、マーフィーが敬愛する伝説のコメディアン、リチャード・プライヤー、そしてレッド・フォックス。マーフィーが彼らと共演したくて作ったのが本作である。暗黒時代のアメリカのハーレムのクラブを舞台に、マーフィーとプライヤーとフォックスが暴れまくる。彼らの掛け合いは見事だ。名女優のデラ・リーズが、売春宿の元締めとして共演。彼女のセリフは、今でも黒人の間で引用されるほど人気が高い。

監督●ノーマン・ジュイソン
脚本●チャールズ・フラー
出演●ハワード・E・ロリンズ・ジュニア、アドルフ・シーザー、アート・エバンス

A Soldier's Story
ソルジャー・ストーリー

1984

デンゼル・ワシントンやサミュエル・L・ジャクソンなども在籍していた「ニグロアンサンブル・カンパニー」による有名な舞台作品を映画化したのが本作だ。ワシントンをはじめ、当時の黒人スターが勢ぞろいしていると言っても過言ではない豪華キャスティングに驚かされる。監督のノーマン・ジュイソンは白人で、アドルフ・シーザーは本作でアカデミー賞助演男優賞にノミネートされた。本作の舞台版には出演していたものの、映画版にキャスティングされなかったサミュエル・L・ジャクソンが落ち込み、麻薬に溺れてしまったという逸話もある。

Purple Rain
プリンス／パープル・レイン
1984

天才ミュージシャンのプリンスの半自伝的ミュージカルドラマ。夫婦喧嘩の絶えない両親の間に挟まれ、父との確執に悩む若いミュージシャンをプリンスが熱演している。本作の白眉は、何と言ってもクラブでのライブシーンだろう。コンサート映像とはまた違う魅力があり、プリンスだからこそ実現出来た最高の名シーンである。歌詞がセリフの代わりになっているというアイデアも含め、どのジャンルにもどの流れにも所属しない1本だ。プリンスの存在が唯一無二であるように、この作品もまた唯一無二なのである。

監督●アルバート・マグノーリ
脚本●アルバート・マグノーリ、ウィリアム・ブリン
出演●プリンス、アポロニア・コテロ、モリス・デイ、オルガ・カーラトス

Lean on Me
ワイルド・チェンジ
1989

荒れた高校でバットと拡声器を持ちながら生徒たちを指導していくという、実在する校長ジョー・クラークを題材にした1本。監督は『ロッキー』（1976年）などを手掛けたジョン・G・アヴィルドセンだ。熱血教師クラークをモーガン・フリーマンが好演しており、彼が教育のために白熱するシーンはとても感動的である。トイレで生徒たちがアカペラで歌うシーンも見物だ。本作は、アメリカでは今でもテレビで放映される機会が多い。そういう意味でジョー・クラークは黒人にとっての「金八先生」であり、多くの人々の心に残っている作品だと言えよう。

監督●ジョン・G・アヴィルドセン
脚本●マイケル・シファー
出演●モーガン・フリーマン、ビバリー・トッド、ロバート・ギヨーム

白人監督によるブラックムービー

スピルバーグ監督作『カラーパープル』に大ブーイング

前項で挙げた今や大スターになった俳優が出演していた「ブラックムービー」には、白人監督による作品がいくつも存在している。特に、80年代にはそれが著しく多い。デンゼル・ワシントンを有名にした『遠い夜明け』（1987年）は『ガンジー』（1982年）でアカデミー監督賞を受賞したリチャード・アッテンボロー監督、モーガン・フリーマン主演の『ワイルド・チェンジ』（1989年）は『ロッキー』（1976年）や『ベスト・キッド』（1984年）のジョン・G・アヴィルドセン監督など、挙げればキリがない。中でも、最も有名で、かつ最も論争を呼んだのが、スティーヴン・スピルバーグ監督の『カラーパープル』（1985年）だ。

『カラーパープル』は、黒人作家アリス・ウォーカーの同タイトルの小説が原作である。原作では1900年に入った辺りのジョージア州を舞台に、黒人女性セリーが自らのセクシュアリティを解放することで、レイプやドメスティックバイオレンスで受けた傷を乗り越え、強く生きていく姿が描かれている。ピューリッツァー賞も受賞したこの小説が映画化されると噂になり、黒人の映画ファンは期待に胸を膨らませたが、監督に白人のスピルバーグが起用されると聞き、多くの人が難色を示した。原作者アリス・ウォーカーもその1人で、ウォーカーは積極的にこの映画化のプロジェクトに参加し、何とか作品をコントロールしようとしたという（ウォーカーは、当時コメディの独り舞台を踏んでいた新人ウーピー・ゴールドバーグを自らキャスティングしている）。映画は公開され、批評家からも概ね好評を得て、全世界で1億4200万ドルの収益を収め大ヒットした。本作はアカデミー作品賞を含む11部門にノミネートされたが、受賞は全て逃している。そして、黒人の観客からは大ブーイングを浴びた。セリーの「傷」の部分は描かれていたが、それを乗り越えるための肝心なテーマであるセクシュアリティ（同性愛を思わせる描写）を、スピルバーグ監督が描かなかったからだった。

白人ウケを狙って歪められる作品たち

これ以降も、ハリウッドはこの「白人の観客に支持されるように配慮し、物語の根幹を歪めてしまう」という悪しき慣習を続ける。１９４０年代から活躍するイギリスの巨匠リチャード・アッテンボロー監督の下で、デンゼル・ワシントンが初めてアカデミー賞にノミネートされた作品『遠い夜明け』（１９８７年）は、南アフリカのアパルトヘイト廃止を求めて戦い、30歳の若さで命を落とした活動家スティーヴ・ビコの物語だ。ワシントンがビコを演じたが、なぜか白人記者（ケヴィン・クライン）の視点で物語が描かれたために、ワシントンは助演扱いとなり、劇中で早々にワシントンの姿は消え、「ワシントンのいないシーンは主演不在」という批判を受けたのだった。

続いて『ミシシッピー・バーニング』（１９８８年）と『バード』（１９８８年）が制作された。『ミシシッピー・バーニング』は『フェーム』（１９８０年）や『バーディ』（１９８４年）の鬼才アラン・パーカーによって制作された。１９６０年代のキング牧師が活躍した公民権運動時に起きた、人種差別を動機とした殺人事件を追う白人のＦＢＩ捜査官（ジーン・ハックマン&ウィレム・デフォー）を描いたドラマ作品だ。このドラマの核となる３人の若い公民権運動家が殺されたのは事実であるが、ＦＢＩがその捜査で活躍したという史実はなく、１００%フィクションなので、多くの人々から不満の声が上がったのだった。黒人観客は、公民権運動を描いておきながら、黒人の登場人物が物語に深く絡むこともなく、黒人俳優が大きな役にもついていないことに、ただただ首をかしげるばかりであった。

『バード』の方は、ジャズに造詣が深いクリント・イーストウッド監督が、長きにわたって制作が待望されていたジャズ界の伝説チャーリー・パーカーを描いたドラマ作品だ。本作品はカンヌ国際映画祭でプレミア上映され、チャーリー・パーカーを演じたフォレスト・ウィッテカーが主演男優賞を受賞し、評価された。しかし、パーカーの音楽よりも、ドラッグ依存などのトラブルばかりが描かれた点や、4人いた妻の中で1人だけ取り上げられたことなどが、ファンの間では疑問視されている。権威ある映画評論家のポーリン・ケールは、「〝『バード』は完璧な名作〟だとか、タイム誌をはじめ書いているけれど、駄作だわ！　滅茶苦茶よ。みんなクリント・イーストウッドが監督だから褒めているだけ」と酷評している。スパイク・リーも「イーストウッドは偉大な映画監督だけど、『バード』は嫌いだ。イーストウッドは僕と同じくらい、もしくはそれ以上ジャズについて詳しいと思うが、『バード』は劇場公開されたジャズ映画の中でもっとも暗い。ジャズマンだって笑ったり喜んだりするものなのに、この映画では苦悩ばかりしている。悲劇なんだよ」と語っている。

「白人に黒人映画を作らせるなんて、くそくらえだ」

さらに80年代には『ドライビング Miss デイジー』（1989年）と『グローリー』（1989年）も公開された。『ドライビング Miss デイジー』は、南部ジョージア州を舞台に運転手（モーガン・フリーマン）とユダヤ系の白人女性デイジー（ジェシカ・タンディ）が、長い歳月を経て友情を育んでいくというドラマである。私がこの映画のタイトルを聞くと必ず思い出すのが、パブリック・エナミーの「Burn Hollywood Burn」[*1]という曲のアウトロ部分である。この曲のミュージック・ビデオには、映画館で上映を待つパブリック・エナミーとアイス・キューブとビッグ・ダディ・ケインが登場する。館内に「次の上映作品は『ドライビング Miss デイジー』です」というアナウンスが流れた瞬間、大ブーイングが巻き起こる。アイス・キューブが映画館に火をつけて、「みんなで『ブラック・シーザー』[*2]（1973年）でも観ようぜ……」というセリフでビデオが終わっている。彼らはそれほどまでにこの映画に対して怒っていたのだ。

黒人映画の歴史を研究するドナルド・ボーグルは、『ドライビング Miss デイジー』についてこう指摘している。「もちろんこの映画のように、従業員と雇い主が素晴らしい関係を築くことはあった。しかし、通常、従業員は雇い主の前では従順であろうとして、家族や友人の前だけで素の自分を出すものだ。この映画のホークには、その時間が見当たらなかった」。確かに、会社の上司の目の前で愚痴る人はいない。つまり、ホークの上辺だけが描かれている作品だということだ。

『グローリー』は、デンゼル・ワシントンとモーガン・フリーマンが共演した1本だ。アメリカ南北戦争時代に実在した、黒人だけで構成された部隊「第54マサチューセッツ歩兵連隊」の戦いを描いたドラマであるが、この作品もまた歩兵連隊に居た黒人兵士の内面ではなく、その隊を率いることを任された白人上官ロバート・グールド・ショー（マシュー・ブロデリック）の葛藤が描かれている。デンゼル・ワシントンはこの作品でアカデミー助演男優賞に輝き、初のオスカー受賞となった。この映画を観た者ならば、デンゼル・ワシントンが演じたトリップという誇り高き若い男性が、なぜこの戦争に従事するようになったのか？　その経緯の方が気になるはずだ。

……と、ここまで読んだ方の中には「白人監督の作品ばかり批判して、フェアじゃない」と思われる方もいるかもしれない。何度も書いているが、白人監督が描いた黒人像は、映画創成期から無数に存在している。白人が撮っていても『ブラック・シーザー』や『ソルジャー・ストーリー』や『カラーズ 天使の消えた街』（1988年）のように黒人観客から愛された作品も多数存在している。

ロサンゼルスのストリートギャング事情と警察との確執を描いた名優デニス・ホッパー監督作『カラーズ』に至っては、黒人観客に大きなインパクトを与え、ロサンゼルスのギャングがこの映画のようにチームカラーによってくっきりと分かれていたという事情をこの映画によって知った人たちも多く存在する。

一方で、こんな見方も出来る。80年代のアメリカで人種問題の原因は「白人側が抱えている、黒人への間違ったステレオタイプの感覚」によるものが多い。ここで挙げた映画には黒人の内面は描かれていないが、行き過ぎたステレオタイプの黒人は殆ど描かれていない。『ドライビング Miss デイジー』や『グローリー』のモーガン・フリーマンは確かに必要以上に白人に従順だが、この映画を観てフリーマンが演じる人物を「暴力的」だとか「怠け者」だと思う人は皆無だろう。そしてそれらの作品は白人観客に支持された。この作品が多くの人々の目に触れたことで、黒人へのステレオタイプの捉え方を覆すのに少しは役に立ったのではないかと私は想像する。

それでも1980年代の白人監督が撮るブラックムービーに対して黒人からの不満が多かったのは事実だ。彼らが描いた黒人像は、「白人が望む黒人の姿」であって、黒人が自ら望んだものではなかった。白人に必要以上に従順な黒人＝白人に従う奴隷時代の象徴「アンクル・トム」であった。それはすなわち、黒人たちにとっては奴隷時代を思わせることになり、白人にとっては「古き良きアメリカ[*3]」を思わせたのだ。

そして80年代、演技部門でオスカーを手にいれた黒人俳優は、『愛と青春の旅だち』（198

2年）で鬼軍曹を演じたルイス・ゴセット・ジュニア、たった1人である。*4 黒人監督に至っては、唯一活躍していたのが『クラッシュ・グルーブ』（1985年）を撮ったマイケル・シュルツ監督である。だからこそ、スパイク・リーやロバート・タウンゼントやキーネン・アイヴォリー・ウェイアンズのような監督が誕生した。先述したパブリック・エナミーらによる「Burn Hollywood Burn」のビデオにはこんなラップの一節がある。「だから俺たち自身の手でスパイク・リーみたいな映画を撮ろうぜ！」と。80年代の映画にこのような不満を感じたからこそ、彼らは自分自身で物語を語る重要性に気づいた。そしてスパイク・リー自身も、『カラーパープル』を観て当時の日記にこう記している。

「ネルソン・ジョージと『カラーパープル』を観に行った。インパクトに欠けているので、僕たちはがっかりした。だから自分たちの手で自らの映画を作らければいけない。白人に黒人映画を作らせるなんて、くそくらえだ。僕たちを語れるのは僕たち以外にいないのだ」

＊1：1990年にこの曲がリリースされたというだけで、いかに80年代の映画に彼らが憤りを感じていたか分かる。ちなみに原題の副題でこの曲のタイトルが使われたハリウッド批判映画の『アラン・スミシー・フィルム（原題：An Alan Smithee Film: Burn Hollywood Burn）』に、パブリック・エナミーのチャックDが出演している。

＊2：フレッド・ウィリアムソン主演、ラリー・コーエン監督。ニューヨーク州ハーレムが舞台に、靴磨きの少年がハーレムを牛耳る闇組織のボスになるまでを描いたブラックスプロイテーション。ちなみにラリー・コーエンも白人監督。

＊3：そんな「古き良きアメリカに戻そう！」に似たスローガンが、ドナルド・トランプの「メイク・アメリカ・グレート・アゲイン（再びアメリカを偉大にしよう）」である。

＊4：『グローリー』でデンゼル・ワシントンがオスカーを獲得したが、授賞式は1990年。

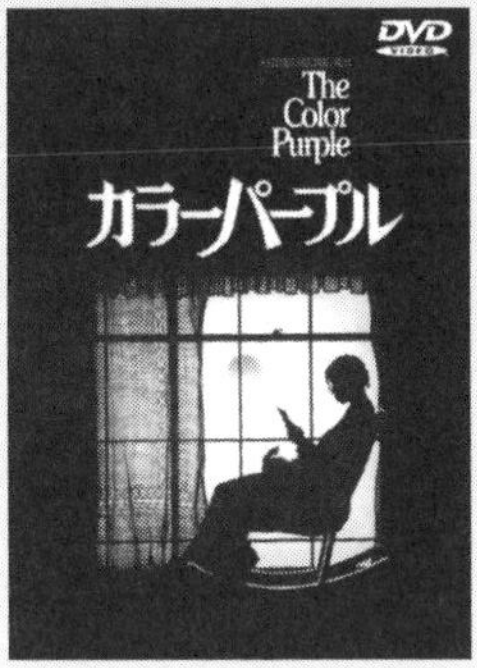

The Color Purple
カラーパープル

1985

アリス・ウォーカーの小説をスピルバーグが映画化。当時は無名のコメディアンだったウーピー・ゴールドバーグを女優として見出し、スターダムに押し上げた作品である。ダニー・グローヴァーとオプラ・ウィンフリーも、本作をきっかけに注目を集めるようになった。ただし、映画化のためにストーリーが原作から大きく改変され、主人公のセクシュアリティをぼんやりと描いてしまい、黒人観客からの不満が少なくない作品となった。それでも、俳優たちの演技は素晴らしい。ズタズタにされたストーリーを軌道修正してしまうほどの圧倒的な表現力はさすがだ。

監督●スティーヴン・スピルバーグ
脚本●メノ・メイエス
出演●ウーピー・ゴールドバーグ、ダニー・グローヴァー、オプラ・ウィンフリー

Mississippi Burning
ミシシッピー・バーニング

1988

1964年にミシシッピ州で実際に起きた殺人事件を追うFBI捜査官を描いた作品。「人種差別による殺人」がテーマでありながら、完全に白人の目線だけで物語が進行し、完結している。批評家からは絶賛され、アカデミー賞の各部門にノミネートされた。ヒロイックに描かれた自分たちの姿があるから、白人はこの映画を好むのだろう。しかし黒人は、自分たちの姿が描かれていないからこの映画を問題視する。本作は、80年代後半は公民権運動を描く映画ですら、白人のヒーローを主人公にしなければ制作出来なかったという時代背景を浮き彫りにしている。

監督●アラン・パーカー
脚本●クリス・ジェロリモ
出演●ジーン・ハックマン、ウィレム・デフォー、フランシス・マクドーマンド

Driving Miss Daisy
ドライビング Miss デイジー

1989

モーガン・フリーマンが演じる使用人と、彼の雇い主である白人女性との友情を描き、アカデミー作品賞を獲得した本作。しかし多くの黒人はこの映画を非常に嫌っている。その理由を分かりやすく書くと、こうだ。もし、スパイク・リーが同じように「人種を超えた友情」をテーマに映画を撮ったとしたら、フリーマンの役をわざわざ「何を言われようとも、寡黙に耐える使用人」にしただろうか？　リーならば間違いなく2人を対等に描き、肩を並べてお互いの意見を語り合える関係にしていたのではないだろうか。それでも美しい友情ドラマは描けるのだから。

監督●ブルース・ベレスフォード
脚本●アルフレッド・ウリー
出演●モーガン・フリーマン、ジェシカ・タンディ、ダン・エイクロイド

Glory
グローリー

1989

南北戦争時に結成された黒人部隊「第54マサチューセッツ歩兵連隊」を題材にした作品だが、実際には白人であるショー大佐（マシュー・ブロデリック）が、どのようにして部隊を率いていくのか……という葛藤が描かれている。映画自体の評価は上々だが「黒人部隊を題材にするならば、大佐ではなく兵士側の視点で描くべきでは？」という疑問は拭えない。しかしデンゼル・ワシントンやモーガン・フリーマンらの演技は見事だ。そこから、黒人が南北戦争で戦うということは「グローリー（誇り）」なのだというメッセージを感じることが出来る。

監督●エドワード・ズウィック
脚本●ケヴィン・ジャール
出演●マシュー・ブロデリック、デンゼル・ワシントン、ケイリー・エルウェス、モーガン・フリーマン

ヒップホップ・ムービーの誕生

『ワイルド・スタイル』の大フィーバー

1973年8月11月、ニューヨーク州ブロンクスの一角、セジウィック通り1520番でパーティが開催された。ヒップホップ誕生の瞬間だ。やがてヒップホップは各メディアで取り上げられ、全米、そして全世界に波及していく。10年後、それは『ワイルド・スタイル』（1983年）という映画になった。

監督のチャーリー・エーハンはアパート近くでスーパー8（8ミリフィルムカメラ）を回していたところ、マーシャルアーツを練習する少年たちに遭遇、それがきっかけでヒップホップに興味を持つようになる。グラフィティ・アーティストのリー・ジョージ・キュノネスと知り合い、彼の活動をカメラで追っていたら、ラップやブレイクダンスとも出会った。その一連の出来事をミュージカル仕立てで描いたのが『ワイルド・スタイル』だ。

この映画の出演者たちは、日本公開時に来日して、生でブレイクダンスやラップを披露したことで、大フィーバーを起こしている。日本でヒップホップ・カルチャーが正式に誕生したのだ。同じ年に公開された大ヒット作品『フラッシュダンス』（1983年）も、そのフィーバーに一役かっている。『ワイルド・スタイル』ほど大々的にヒップホップが扱われたわけではないが、主人公の女性（ジェニファー・ビールス）が街でブレイクダンスに遭遇するシーンがあり、これでブレイクダンスを知ったという人も多い。その1人がタレントの風見しんごだった。映画を観て衝撃を受けた風見は、ブレイクダンスを習得。人気絶頂だった彼がブレイクダンスをしながら歌う姿は、日本の若者に大きなインパクトを与えた。

国境を越えるほどに成長したヒップホップ人気を、何にでも飛びつくハリウッドが放っておくはずもなかった。黒人コメディエンヌのマムス・マーブリー主演コメディ映画『華麗なる陰謀』（1974年）などを撮って評価を得ていたスタン・レイサン監督は、早速ヒップホップを題材にした『ビート・ストリート』（1984年）を制作した。ニューヨークのヒップホップ・シーンには欠かせないクラブ「ロクシー」が登場し、ヒップホップの第一人者の1人アフリカ・バンバータなども出演し、当時のニューヨークのヒップホップ・シーンがそのまま映画として残っているような作品だ。名優ハリー・ベラフォンテがプロデュースしているのも話題となった。

量産されるヒップホップ映画

ヒップホップ関連の映画はさらに量産され、舞台をLAに移した『ブレイクダンス』（1984年）、その続編の『ブレイクダンス2　ブーガルビートでT・K・O！』（1984年）が立て続けに制作・公開された。『ブレイクダンス』は白人女性がブレイクダンスに出会い、ダンサーとして開花していく軽快な青春映画である。見どころは、オゾン役のアドルフォ・キノーネスとターボ役のマイケル・チェインバースの本格的なポッピングを中心にしたダンスシーンだろう。今や俳優としても活躍するアイス‐Tがラッパーとしてカメオ出演しているのも見逃せない。

この時代を語る上で、ラップ専門レーベル「デフ・ジャム」の創設が描かれた作品『クラッシュ・グルーブ』（1985年）も重要だ。『カー・ウォッシュ』（1976年）などのマイケル・シュルツ監督が、デフ・ジャム設立までの苦労を青春映画仕立てで描いている。デフ・ジャムの創設者の1人ラッセル・シモンズ（劇中の役名はラッセル・ウォーカー）を、当時は新人だった俳優ブレア・アンダーウッドが好演。ラッセル・シモンズの弟が所属し、当時絶大な人気を誇っていたランDMCや、デフ・ジャム所属のLLクールJとファット・ボーイズ、他にもティーンエイジャーから人気だったニュー・エディションなどがカメオ出演して映画を盛り上げている。

この映画から派生して、マイケル・シュルツ監督とファット・ボーイズが再び組んだコメディ『ファット・ボーイズの突撃ヘルパー』（1987年）が誕生する。これは日本でもヒットしたフランス映画『最強のふたり』（2011年）に近い物語で、車いすで生活している富豪老人（ラルフ・ベラミー）をファット・ボーイズの3人が過激かつコミカルに介護する。内容はヒップホップではないが、劇中でファット・ボーイズがラップやビートボックスを披露している。

そして、デフ・ジャム創設者のもう1人リック・ルービンが監督・脚本を担当したのが『タファー・ザン・レザー』（1988年）。先に書いたように、スパイク・リーが「ブラックスプロイテーションぽい内容だから監督したくない」と断った作品だ。監督を頼む人がいなかったので、脚本を書いたルービンが監督も担当。ラッセル・シモンズがプロデューサーで、ランDMCの3人が主演した。ビースティー・ボーイズも出演したが、興行成績は振るわなかった。

後に『ニュー・ジャック・シティ』（1991年）で世を席巻するマリオ・ヴァン・ピーブルズ主演の『ダウンタウン・ウォーズ』（1985年）という作品もある。『ブレイクダンス』のジョエル・シルバーグ監督作品で、似たような軽快な青春映画仕立てのミュージカルだが、全くと言っていいほど観客からの支持を得られず、今でも忘れられた作品である。音楽より物語に重点を置いた結果、不慣れな俳優にラップをやらせてしまい、劇中で本格的なラップを聴けなかったことが敗因として大きい。

もともと、音楽やダンスを融合したエンターテインメント性の高いブラックムービーは多い。20年代・30年代にポール・ロブソンが出演していた映画では歌のシーンが多いし、40年代にはニューヨークのクラブシーンを入れ、歌やタップダンスなどが観られる作品もある。90年代以降、それが歌手の自伝映画などに変わっていく。いつの時代も、映画の中でブラックミュージックが愛されてきたという証拠だろう。

監督●チャーリー・エハーン
脚本●チャーリー・エハーン
出演●リー・ジョージ・キュノネス、サンドラ・ピンク・ファーバラ、パティ・アスター、ファブ・ファイブ・フレディ

Wild Style
ワイルド・スタイル

1983

創世記のヒップホップを鮮明に捉えた金字塔的作品だ。単にノスタルジックなだけでなく、いつ観ても「新しい物」が生まれる予感を感じさせてくれる。しかし同時に、新しいアートフォームを生み出した若者たちの苦悩も伺える。電車に描かれた「グラフィティ」は違法であり、作品としてどんなに素晴らしくてもそれを仕事にして食べていくことは出来ない。それはブレイクダンスやDJやラッパーたちも同じで、彼らにとって当時は困難な時代だった。しかし、この新しいカルチャーが多くの人々の心を間違いなく鷲掴みにしたのはまぎれもない事実だ。

重要作品レビュー

CHAPTER 2
1990年代

我々黒人がプリマス・ロック※に上陸したわけではない。
プリマス・ロックが我々に圧し掛かってきたのだ！
——マルコムX

We didn't land on Plymouth Rock.
Plymouth Rock landed on us!
*——**Malcolm X***

『マルコムX』（1992年）より

※イギリス人がアメリカに入植した1620年、メイフラワー号に乗ったピルグリムが最初に踏んだと言われている岩

ブラック・フィルム・ルネッサンス

1920年代のハーレム・ルネッサンス

90年に入って早々、ブラックムービーの黄金時代がやってくる。80年代にスパイク・リーやロバート・タウンゼントやキーネン・アイヴォリー・ウェイアンズが「自分たちの映画を作る」と決意して蒔いた種が、早くも芽吹き始めたのだ。

この時期に起きたブラックムービー・ブームは、「ブラック・フィルム・ルネッサンス」または「ブラック・ニュー・ウェーブ」と呼ばれており、今日まで続くブラックムービーの未来を運命づけたムーブメントと言っても過言ではない。ルネッサンスという言葉はもともとフランス語で「復興」や「再興」という意味があるが、ブラック・フィルム・ルネッサンスの場合、そのルーツはヨーロッパではなく1920年代の「ハーレム・ルネッサンス」にある。

ハーレム・ルネッサンスとは、詩人のラングストン・ヒューズや作家のリチャード・ライトやゾラ・ニール・ハーストン、音楽家デューク・エリントンやベッシー・スミス、俳優・歌手ポール・ロブソン……と、ここに挙げた人名はごく一部であるが、彼らを中心に起こった芸術のムーブメントのことである。

その時に誕生したのが「ブラックムービーの父」と呼ばれるオスカー・ミショー監督だ。ミショーは、ハーレム・ルネッサンスが始まったと言われている1919年に『The Homesteader』（1919年／日本未公開）を制作し、ハーレム・ルネッサンスが衰退したと言われている1930年末までに40本以上の映画を撮った。ブラックムービーの父は、まさにハーレム・ルネッサンスの申し子であった。ミショーの作品では当時の白人制作の映画では決して描かれることがなかった「黒人の生活の真実」が描かれ、ミショーの映画が最初の映画体験になったという黒人観客も多い。

90年代には、ブラックムービーにとって革新的な現象であったハーレム・ルネッサンス同様のムーブメントが再び巻き起こったのである。

ブラックムービーがサンダンス映画祭を席巻

毎年、年明け早々の1月にユタ州で開催されるのが、インディペンデンス映画やそれに携わる映画人を育成するサンダンス映画祭である。第1章でも書いたように、1990年にはそのサンダンス映画祭でウェンデル・B・ハリス・ジュニアが『Chameleon Street』（1989年／日本未公開）にて黒人監督として初めてドラマ部門の大賞を受賞した。同年にはレジナルド・ハドリン監督の『ハウス・パーティ』（1990年）が監督賞と撮影賞を受賞する。さらに70年代にUCLAの映画学科で「LAの反逆者たち」という映像作家グループを率いたチャールズ・バーネット監督の『To Sleep with Anger』（1990年／日本未公開）が審査員特別賞を受賞している。1990年に入って早々のサンダンス映画祭で、複数の黒人監督が同時に注目され、各賞を受賞したのはかつてない出来事であった。

翌1991年、そのサンダンス映画祭にてブラックムービーの歴史が変わる。この年にサンダンスで上映された作品が、『ニュー・ジャック・シティ』（1991年）、『ストレート・アウト・オブ・ブルックリン』（1991年）、『N.Y.キッズ・グラフィティ』（1991年）、『自由への旅立ち』（1991年）だった。ブルックリンの高校生の貧困と暴力への憤りを描いた『ストレート・アウト・オブ・ブルックリン』で当時19歳だったマティ・リッチ監督が注目を集め、審査員特別賞を受賞した。ニューヨークでたむろする青年たちの姿を描いた『N.Y.キッズ・グラフィティ』の監督・脚本のジョセフ・B・ヴァスケズは脚本賞を獲得している。LAの反逆者たちの1人であるジュリー・ダッシュ監督の『自由への旅立ち』は、ノースカロライナ州からフロリダ州までに広がる小さな島々に住み、今でも西アフリカの歴史や伝統を色濃く残しているガラ人を描いた作品で、撮影賞を受賞した（どういうわけか、今では一番知名度が高い『ニュー・ジャック・シティ』だけ何の賞も受賞することがなかった）。

『ニュー・ジャック・シティ』は、『スウィート・スウィートバック』（1971年）でインディペンデンス映画として歴史に残る興行成績を収め、ブラックムービーの歴史を変えたメルヴィン・ヴァン・ピーブルズの息子マリオ・ヴァン・ピーブルズが長編初監督に挑んだ作品だ。3月に全米で劇場公開されると、興行成績2位を獲得。同日から公開のマイケル・J・フォックス主演『ハード・ウェイ』（1991年）が1622館で公開されて3位だったのに比べて、『ニュー・ジャック・シティ』はその半分ほどの862館での公開で2位を獲得したのだ。さすがに1位の『羊たちの沈黙』（1991年）の牙城までは崩すことが出来なかったが、2週連続2位で、第3週目も3位というのは、インディペンデンス映画としては申し分のない成績である。映画が好評を博すその一方で、上映中には多くのトラブルがあった。ラスベガスの劇場では観客同士がいざこざを起こして15人が逮捕され、ロサンゼルスでは映画前売り券のダブルブッキングによる過剰売却により1500人が暴動を起こしてしまう。ニューヨークでの上映時には、劇場内で100発もの銃弾が飛び交い死人が出てしまうほどの騒ぎとなり、「映画が暴力を触発したのではないか?」との論争が巻き起こった。

『ボーイズン・ザ・フッド』の快進撃

『ニュー・ジャック・シティ』が公開された2カ月後の5月、フランスで開催のカンヌ国際映画祭にて上映されたのが、『ボーイズン・ザ・フッド』(1991年)だ。本作は「ある視点」部門に正式に選ばれた。[*1] 今ではこの「ある視点」でも作品賞などの各賞が設けられているが、当時はプレミア上映されるだけだった。しかし、この「ある視点」がきっかけで著名な業界人たちの目に留まり、映画が注目を集めることも多かったのだ。この映画祭では、エディ・マーフィーやクインシー・ジョーンズというスターたちが駆けつけて『ボーイズン・ザ・フッド』のプレミア上映が行われた。アメリカ映画評論家の第一人者ロジャー・エバートは「1960年代にフランスで起きた〈フレンチ・ニュー・ウェーブ〉がフランス映画の復活になったように、今、アメリカ黒人監督が新しいスタイルとヴィジョンで同じものを、ここカンヌ国際映画祭で生み出そうとしている。1991年の5月、彼らが舞台にしているアメリカの都会からはかけ離れ、全く似合っていないフランスで、新しい〈ブラック・ニュー・ウェーブ〉の時代を迎えた」と書き記した。

当時23歳で大学の映画学科の学生だったジョン・シングルトンに『ボーイズン・ザ・フッド』の制作を許したコロンビア・ピクチャーズのフランク・プライスは「ジョン・シングルトンが映画を作りたいと会社に来て、彼と話をしている時に思い出したんだ。前にもこんな若者に出会ったことがあると。スティーヴン・スピルバーグさ」と話している。フランク・プライスは「この映画は3000万から5000万ドルの興行成績が期待出来る」とも語った。実際にはアメリカ国内だけで、5700万ドルの収益を上げている。しかしこの作品も『ニュー・ジャック・シティ』の時と同様に、上映時に全米各地で殺人・暴力事件が多発した。映画の舞台となった南カリフォルニアの3館で事件が発生し、1人が重症を負い、11人が怪我をした。シカゴでは1人が死亡している。全米各地で少なくとも25件の事件が発生したと言われており、この事件を受けてセキュリティを強化した映画館や、土曜日の上映を中止したところもあった。この作品は1992年開催のアカデミー賞にて、監督賞と脚本賞の2部門にジョン・シングルトンがノミネート。惜しくも受賞は逃したが、シングルトンはアカデミー賞史上最年少で監督賞にノミネートされ、黒人監督として初のノミニーとなり歴史に残った。

このような1991年に入ってすぐ1月のサンダンス映画祭、5月のカンヌ国際映画祭での黒人映画監督の大活躍を受けて、「ザ・ニューヨーク・タイムズ」誌が8月にスパイク・リーの作品タイトルから付けた「They've Gotta Have Us」という特集を組んだ。この号の表紙を飾った顔ぶれは、スパイク・リー、レジナルド・ハドリン、ワーリントン・ハドリン、*2アーネスト・ディッカーソン、マリオ・ヴァン・ピーブルズ、マティ・リッチ、ジョン・シングルトン、チャールズ・レインという8人の黒人映画監督たちだった。この辺りから、ブラック・フィルム・ルネッサンスというムーブメントの存在を多くの人が認識するようになった。

映画館で起こった暴力事件

1992年に入ると、1月には『ジュース』（1992年）が全米で封切られた。スパイク・リーの下で撮影監督をしていたアーネスト・ディッカーソンの監督デビュー作で、脚本もディッカーソンが担当した。ニューヨークの高校生たちの苛酷な状況を描いたバイオレンス・クライムストーリーである。

ディッカーソンは、最初この映画の脚本を大手のワーナー・ブラザーズに持ち込んだ。すぐに気に入られたものの、なぜか脚本をコメディに書き直した上で、TVで活躍する若手俳優を使いたいと言われ、即答で断ったという。その後、現在は『ハリー・ポッターと賢者の石』（2001年）などで知られるデヴィッド・ハイマンという若手プロデューサーから連絡を貰い、「アイランド・ピクチャーズ」が制作費を出すことになった。映画の要となるビショップ役がなかなか決まらず、オーディションにラップグループ「ノーティ・バイ・ネイチャー」のトレッチが参加して好印象を残したが、彼と一緒に来ていたトゥパック・シャクール（2パック）と名乗る青年にも主役のQ役の台本を読ませてみたところ、監督は手ごたえを感じ、直感でビショップ役の台本も読ませてみた。監督は即座に「彼がビショップだ！」と感じたという。『ジュース』を観た者ならば誰でも強く印象に残る名キャラクター「ビショップ」はこうして誕生した。

そしてこの作品上映中にも、『ボーイズン・ザ・フッド』や『ニュー・ジャック・シティ』同様にボストン、アーカンソー州、フィラデルフィア、アンカレッジ、ニューヨークなどで暴力事件が発生した。映画館の外では、死者を出す暴力事件も発生した。直接映画の内容とは関わりはないが、映画館での暴力問題が相次いだために映画会社もナーバスになっていた。『ジュース』は高校生が銃を持ってしまうというショッキングな物語で、社会に蔓延る問題を丁寧に描いていた。ディッカーソン監督は暴力を賛美などしておらず、映画を観れば銃での殺人が虚しく、馬鹿らしく感じられる内容になっている。当初のポスターでは登場人物が銃を持っていたが、映画会社は後に発売されたビデオやDVDなどのパッケージでは銃を削除し、ポスターも撤去した。ディッカーソン監督は映画館で起きた事件について「フィラデルフィアで起きた発砲事件は、映画を観る前に起きたことで、映画とは直接関係ないんだ。でも映画会社はポスターを撤退し、宣伝することを止めてしまった。他の映画でも、銃を持ったポスターはあるのに。しかもそれは決まって白人の主役で、彼らはヒーローなんだ」と語っている。本作の興行成績は、公開直後の第1週目で2位というまずまずの成績を収めたが、ポスター撤去後に動員が急落し、最終的に2000万ドルを稼いだ。

ロサンゼルス暴動とバイオレンス映画

1992年4月29日、『ボーイズン・ザ・フッド』の舞台となったロサンゼルスで大規模な暴動が発生する。きっかけは、その前年度にロサンゼルスの路上で起きた事件である。警官がロドニー・キングという黒人青年を理不尽に暴行したのだ。実際に暴行が行われた瞬間のビデオ映像という動かぬ証拠があったにもかかわらず、加害者の警官たちに下された判決はまさかの無罪であった。事件の行く末に注目していた人々は、判決を聞いて即座に怒りを露わにし、暴動にまで発展した。当時「黒人が社会で不当な扱いを受けている」という怒りが爆発寸前で、ロドニー・キング暴行事件への判決でとうとうその怒りが爆発したのだ。6日間も続いたこの暴動は、州兵や軍隊によってようやく鎮められたが、この暴動は映画業界にも大きく影響を与え、後にこの暴動を描いた作品が数多く生まれている。

「都会の黒人青年のバイオレンスを描いた作品が売れる」と気づいたハリウッドは、暴力的な映画の量産を続けていく。そして古くからの悪い慣習で、それらの映画を白人監督に作らせることになる。9月には、スティーヴン・ミルバーン・アンダーソン監督の『サウス・セントラル』（1992年）が公開される。ロサンゼルスのサウス・セントラル地区の親子を描いたバイオレンスクライムだ。ワーナー・ブラザーズが制作で、『プラトーン』（1986年）のオリバー・ストーンがプロデューサーとして参加。ロジャー・エバートは「ニュースでは伝えられる情報に限界があって、ロサンゼルスで何が起きているのか感じられないが、このような映画を観ることでそこに流れる感情を知ることが出来る」として、星4つ中星3つという評価をしているが、他での評価では「演技は素晴らしいが、『ボーイズン・ザ・フッド』のような濃度を感じることは出来なかった」と書かれている。

そして同じくオリバー・ストーンが制作総指揮として参加したのが『ゼブラヘッド』（1992年）。デトロイトの高校を舞台に白人男子学生と黒人女子学生の恋愛を描いた異人種カップルの物語だ。1月にサンダンス映画祭でプレミア上映され（全米での一般公開は10月）、監督のアンソニー・ドレイザンは本作で監督賞を受賞している。バラク・オバマ元大統領のスピーチライターで、当時は映画評論家だったデッソン・トムソン*3は「オフビートで、楽しめる作品。物語の結果について観客の意見がどうであれ、この新鮮なキャスティングは楽しめる」と評価している。

もともと脚本家だったボアズ・イェーキンが監督デビューした『フレッシュ』（1994年）は、12歳の少年（ショーン・ネルソン）が麻薬を売りさばいているという衝撃的なクライムドラマだった。主役のフレッシュを演じたショーン・ネルソンの演技やイェーキン監督の采配が好評で、サンダンス映画祭ではネルソンが審査員特別賞、イェーキンがフィルムメイカー賞をそれぞれ受賞している。東京国際映画祭でも、ブロンズ賞を受賞した。80年代とは違い、このように（全員ではないが）白人監督のブラックムービーは映画祭で称賛を浴び、比較的多くの黒人観客を満足させていたのだ。

ラターシャ・ハーリンズ殺害事件

1993年5月、ロサンゼルスのワッツ地区が舞台の『メナースⅡソサエティー／ポケットいっぱいの涙』（1993年）でセンセーショナルなデビューを飾ったのが、アルバート・ヒューズ&アレン・ヒューズという双子の監督だ。『メナースⅡソサエティー／ポケットいっぱいの涙』は、今となっては『ボーイズン・ザ・フッド』や『ニュー・ジャック・シティ』と並ぶ90年代を代表する映画の1本である。ロジャー・エバートは「印象的なのが、監督が主役のケインをヒーローとも犠牲者とも描いていない点だ。彼の存在をむしろ都会に住む若者の典型的な例としている。特にキャスティングが素晴らしい。エナジーを感じる」と絶賛し、1993年エバートが選ぶトップ10映画の1作にこの作品を選んでいるほどである。この映画には、前年度のロサンゼルス大暴動が深く影響を与えている。前述の通り大暴動のきっかけとなったのは、ロドニー・キング暴行への無罪判決だが、もうひとつ、ラターシャ・ハーリンズ殺害事件も忘れてはならない。

ラターシャ・ハーリンズ殺害事件とは、15歳の少女ハーリンズが、韓国系アメリカ人が経営するコンビニでオレンジジュースを買おうとしたところ万引き犯と勘違いされ、店主にカウンター越しに射殺された事件だ。……と、書けば、この映画を観た者ならば気づくだろう。『メナースⅡソサエティー』はハーリンズ事件を正反対に描いていることに。

この映画では、オー・ドッグ（ラレンズ・テイト）が韓国系の店員を容赦なく射殺している。そして映画のタイトルが出て、スクリーンはモノクロ映像の1965年に起きたワッツ暴動の映像が流れる。それだけで、いかに昔も今もワッツの状況が変わっていないかが示されるのだ。当時21歳の映画監督デビューとは思えない洗練された表現方法に、モントリオール・フィルム・ジャーナル誌のケヴィン・ラフォレストは、「監督の巧みな指揮による映像はとても生々しい。ヒューズ兄弟は監督として完成されていて、これが最初の作品とは信じられない。彼らはブライアン・デ・パルマやマーティン・スコセッシを羨む必要すらないくらいだ。どの場面も興味深く、観客を考えさせる」と絶賛している。

この映画は最初から最後まで容赦のないパワフルな映像が続き、観客はやり場のない憤りを感じ、暴力が起こす負の連鎖について否応無しに考えさせられることになる。音楽評論家・映画監督のネルソン・ジョージもこの作品を大変気に入っており、友人でもあるスパイク・リーと比較し「ヒューズ兄弟はスパイクと同じレベルで芸術家としてのステートメントが出来る人たちだ。若い監督たちは、もっとストリートでの問題と関わっているので、より広く若い観客にアピール出来ている。黒人観客にも、今はジェネレーションの層が出来ていて、スパイクはジャズ好きなシネフィルが対象で、今の若い世代の監督は普段映画を観ないヒップホップ世代と結びついている」と語っている。実際に、ヒューズ監督は当初は主人公のケイン役にはラッパーのスパイス・1、友人のシャリーフ役にはトゥパック・シャクールをキャスティングしようとしていた。しかし、トゥパックはオー・ドッグ役を演じたかったためにヒューズ監督と揉めて、それが暴力事件にまで発展したすえに降板してしまう。映画には、MC・エイトやMC・プーにトゥー・ショートというラッパーたちが出演している。ラップ・アーティストが多く参加したこの映画のサウンドトラックも話題になり、ビルボードのR&B／ヒップホップ・アルバムで1位を獲得するという快挙を成し遂げている。映画とヒップホップが関連し、いかにお互いを刺激し合っていたかよく分かるのが、この作品である。

マリオ・ヴァン・ピーブルズの『黒豹のバラード』

この時期に活躍したマリオ・ヴァン・ピーブルズは、スパイク・リーやジョン・シングルトンに続く注目監督となった。元々俳優としてもクリント・イーストウッドと共演した『ハートブレイク・リッジ／勝利の戦場』（1986年）や『ジョーズ'87／復讐篇』（1987年）に出演していて有名だった彼は『ニュー・ジャック・シティ』を成功させてからは引く手あまたで精力的に映画を撮り続け、次作に選んだのは黒人ウエスタン映画『黒豹のバラード』（1993年）だった。70年代にも黒人ウエスタン映画は作られていたが、『黒豹のバラード』は実在する黒人連隊がベースになっている。1898年、アメリカ陸軍の第10騎馬連隊は「バッファロー・ソルジャー」と呼ばれる黒人の連隊で、キューバで米西戦争のため戦っていた。この映画の語り手として、黒人ウエスタン映画のレジェンドであるウディ・ストロードを起用したり、ブラックスプロイテーションの女王パム・グリア、ラッパーのトーン・ロックやビック・ダディ・ケインなどをキャスティングしている。さらに父メルヴィン・ヴァン・ピーブルズの久々の新曲をサウンドトラックで使用して、豪華な布陣で挑んだ。しかし批評家からはあまり良い評価を受けることが出来ず、上映館も1週目からたった950館程度（普通のワイド公開は1200〜1500館以上）だったので、興行成績は初登場3位となってしまった。それでも公開

1週目の作品としてはトップの成績をあげることが出来た。

マリオ・ヴァン・ピーブルズは、父メルヴィン同様に、観客が黒人であることを誇りに思えるうえに、多くの人が楽しめるエンターテインメント性に優れた作品を作り続けている。バッファロー・ソルジャーについては、ダニー・グローヴァー主演のTV映画『Buffalo Soldiers』（1997年／日本未放映）もある。歴史を学ぶならばそのTV映画が最適かもしれないが、バッファロー・ソルジャーが断然カッコいいのはマリオ・ヴァン・ピーブルズの『黒豹のバラード』の方である。そういうキャラクター作りが、マリオ・ヴァン・ピーブルズの真骨頂と言える。

ダグ・マクヘンリーの『Jason's Lyric』

同じ時期に活躍したダグ・マクヘンリー監督もここで紹介しておきたい。スタンフォード大学にて経済学の学位を取得し、その後にハーバード大学でMBAを取得した彼は、カサブランカ・レコード／フィルムワークスで重役のアシスタントとしてショービジネス界に入った。その頃に出会ったジョージ・ジャクソンと共に会社を設立し、『クラッシュ・グルーブ』（1985年）のプロデュースをした。2人は『ニュー・ジャック・シティ』のプロデュースも手がけている。プロデュース業に飽きたマクヘンリーは『ハウス・パーティ／パジャマでシェイクヒップ!』(1991年)で監督デビューを果たす。そしてインディペンデントで『Jason's Lyric』(1994年/日本未公開)を制作した。

『Jason's Lyric』は、『ニュー・ジャック・シティ』でG・マネーを好演したアレン・パインと、『メナースⅡソサエティ』で人気が出始めたジェイダ・ピンケット=スミス(当時はジェイダ・ピンケット)が主演の恋愛物語と、父(フォレスト・ウィッテカー)と弟(ボキーム・ウッドバイン)が絡む複雑な家族模様を描いたドラマ作品で、濃厚なラブシーンも話題になった。批評家からも概ね好評を得たが、ロサンゼルス・タイムスの批評家は本作を酷評した。すると、70年代の「LAの反逆者」のジャマー・ファナカ監督がタイムスに反論の記事を書いた。ファナカは「きっと私と彼は全く違う映画を観たに違いない。この映画は『スーパーフライ』(1972年)のバスタブのシーン以来最高にセクシーな瞬間をフィルムに焼き付けてくれた。あのシーンは、興行成績目当ての客寄せ的な過激ラブシーンではない」と絶賛している。残念ながら日本未公開のため、日本でこの映画を知る人はあまりいないかもしれないが、この映画のサウンドトラックは、日本のR&Bファンならば持っている確率が非常に高い。デビュー前のディアンジェロが作詞作曲し、ブライアン・マックナイトがディアンジェロと共同でプロデュースした「U Will Know」が伝説的な名曲だからだ。90年代を代表する黒人R&Bシンガーが勢揃いして「ブラック・メン・ユナイテッド[*4]」というスーパーグループを組んだのだ。そんな事情もあり、日本では映画よりもサントラの方が有名であるが、本国では今でもテレビ放映されていたりするので、比較的知名度は高い。

ブラックパンサー党を描いた『パンサー』

そして1995年。先述したマリオ・ヴァン・ピーブルズが、ブラックパンサー党を描いた『パンサー』（1995年）を完成させた。父メルヴィンが書いた本を原作に、カリフォルニア州オークランドで結成されたブラックパンサー党が関わった、交差点の信号にまつわる物語を軸に描いた作品だ。ブラックパンサー党は、FBIなどの政府機関により反社会的な勢力と烙印を押され、コインテルプロ[*5]により、様々な嫌がらせや暗殺などの破壊工作に遭っていた。

この作品は、ブラックパンサー党が「十項目綱領」を掲げた黒人コミュニティの味方であり、自ら暴力を行使するわけではなく、過激派集団ではないということを強調するのに大いに役立った。しかし、スパイク・リーの『マルコムX』（1992年）の時のような大フィーバーを起こすことは出来なかった。批評家からも評判は悪く、ロジャー・エバートですら「ブラックパンサー党についての魅力的な研究は沢山あるが、この映画はそれではない。うわべだけが描かれ混沌としている」と、評価は今ひとつである。それでも公開当時は、TVや雑誌などでもブラックパンサー党が脚光を浴び、彼らの存在意義が再考される機会を提供した。そしてこの映画のテーマ曲として使われたジョイのオリジナル曲「Freedom（Theme from Panther）」は、

『Jason's Lyric』の「U Will Know」の女性版ともいえる曲で、総勢40人近くの人気女性R&Bシンガーが一堂に会した感動的な楽曲である。

ブラック・フィルム・ルネッサンスという黄金期を経て、映画とヒップホップはより深く結びついていった。『メナースⅡソサエティー／ポケットいっぱいの涙』を機に、ヒップホップ映画が増えていく。

＊1：1991年のカンヌ国際映画祭では、ビル・デューク監督の暗黒時代のハーレムを描いた『レイジ・イン・ハーレム』（1991年）と、スパイク・リー監督の異人種カップルを描いた『ジャングル・フィーバー』（1991年）が正式出展。両者共に大賞の受賞は逃しているが、『ジャングル・フィーバー』にてサミュエル・L・ジャクソンが助演男優賞を受賞。

＊2：レジナルド・ハドリンの兄。レジナルドの監督作品『ハウス・パーティ』（1990年）や『ブーメラン』（1992年）のプロデューサーを務めている。自身は70年代にドキュメンタリー監督もしていた。

＊3：2003年に名前を改正してデッソン・トムソンに。映画評論家・フリーライター時代はデッソン・ハウ。

＊4：メンバーは、ディアンジェロ、ブライアン・マックナイト、アーロン・ホール、アフター7、アル・B・シュア!、ボーイズ・Ⅱ・メン、クリストファー・ウィリアムス、D.R.S.、ダミオン・ホール、エル・ディバージ、ジェラルド・レバート、H-タウン、イントロ、ジョー、キース・スウェット、レニー・クラビッツ（ギター）、リル・ジョー（ザ・ルード・ボーイズ）、ポートレイト、R・ケリー、シルク、ソヴォリー、ストーク

リー・ウィリアムス（ミント・コンディション）、テヴィン・キャンベル、ラファエル・サディーク、ドウェイン・ウィギンス、アッシャー。１９９５年のアメリカン・ミュージック・アワードでは全員ではないが、９割近くが集まってパフォーマンスしている。

＊5：当時のＦＢＩ長官Ｊ・エドガー・フーバーが設立した反体制派や団体を解体する極秘プロジェクト。スパイ行為や電話盗聴など。ブラックパンサー党だけでなく、キング牧師やマルコムＸが在籍したネイション・オブ・イスラムなども標的にされた。

Boyz N The Hood
ボーイズ'ン・ザ・フッド

1991

本作では「父親不在」と言われることが多い黒人家庭の中で、友人同士の結束の重要さが描かれる。黒人の人々が使う「Brother's Keeper（兄弟を守る者）」という言葉の意味が、随所に溢れているのだ。主人公のトレを演じたキューバ・グッディング・ジュニアは、後に『ザ・エージェント』（1996年）でアカデミー助演男優賞を獲得したが、本作で才能の片鱗を見せている。主人公の友人ドウボーイ（アイス・キューブ）は、観客の誰もが自分に重ね合わせてしまう等身大の存在だ。この2人が支え合って「男の子が男になる」のである。

監督●ジョン・シングルトン
脚本●ジョン・シングルトン
出演●モリス・チェスナット、キューバ・グッディング・ジュニア、アイス・キューブ

New Jack City
ニュー・ジャック・シティ

1991

ニューヨークに実在したギャングスタのニッキー・バーンズやフランク・ルーカスなどのキャラクターを主人公のニノ・ブラウンに取り入れ、麻薬カルテルの暗躍とそれを追う刑事たちを描いたクライムストーリー。冒頭から、N.W.Aの曲「ストレイト・アウタ・コンプトン」の一節「お前らは今からストリート知識の凄さを目撃する」をかましてくるのが痛快だ。ニノは低俗で最低な人物だが、どこにでもいるリアルな男として描かれており、つい感情移入したくなる。ウェズリー・スナイプスの鬼気迫る好演が最高で、本作は彼をスターダムに押し上げた。

監督●マリオ・ヴァン・ピーブルズ
脚本●トーマス・リー・ライト
出演●ウェズリー・スナイプス、アイス-T、アレン・ペイン

Juice
ジュース
1992

ハーレムに住む4人の若者の成長を描いた1本。主役のオマー・エプスは、物語の中で無邪気な少年の目から鋭い大人の目付きに変わっていくのが見ていてよく分かる。トゥパック・シャクールの冷酷な目はストーリーに緊張感を与え、カリル・ケインの少しだけ大人でセクシーな目は画面を華やかにしている。ジャーメイン・ホプキンスの温かい目は、暗くなりがちな物語に癒しを与えるオアシス的な存在だ。この映画によって、「男の子が男へと成長していく過程には、どんな困難があるのだろう……」という疑問が少しだけ解けた気がする。

監督●アーネスト・R・ディッカーソン
脚本●ジェラルド・ブラウン
出演●オマー・エプス、ジャーメイン・ホプキンス、カリル・ケイン、トゥパック・シャクール

Menace II Society
メナースIIソサエティー／ポケットいっぱいの涙
1993

LAのワッツ地区を舞台にした冷淡なクライムストーリー。冒頭からいきなりオードッグ（ラレンズ・テイト）が韓国系のコンビニ店主を殺害し、続いて（92年のLA暴動ではなく）65年に起きたワッツ暴動のモノクロ映像が流れるのだ。それだけで「黒人にとって状況は65年と全く変わっていない」ということを示唆する見事な演出である。ヒューズ兄弟は、目を背けたくなるような状況を容赦なく描くため、この映画を観た観客は絶望するだろう。しかしそれは、「こんな状況を絶対に許してはいけないのだ」という注意喚起なのである。

監督●アレン・ヒューズ、アルバート・ヒューズ
脚本●タイガー・ウィリアムズ
出演●タイリン・ターナー、ラレンズ・テイト、サミュエル・L・ジャクソン

監督●マリオ・ヴァン・ピーブルズ
脚本●メルヴィン・ヴァン・ピーブルズ
出演●カディーム・ハーディソン、ボキーム・ウッドバイン、ジョー・ドン・ベイカー、コートニー・B・ヴァンス

Panther

パンサー／黒豹の銃弾

1995

1966年にカリフォルニア州オークランドで結成されたブラックパンサー党を描いた作品。黒いレザージャケットに銃を装備していたことから、過激な反社会集団というレッテルを張られ、FBIからも執拗にマークされた彼らだったが、彼ら本来の「自衛のための武装」をあるエピソードと共に描いている。メルヴィン・ヴァン・ピーブルズの脚本は、いかに彼らが人々を魅了し、支持を集めていったのかを丁寧に描いている。しかし『マルコムX』（1992年）のような重厚感や圧倒的なカリスマ性が描き切れていないのがやや残念だ。

ヒップホップ映画とブラックスプロイテーション再評価

ラッパーが続々と俳優デビュー

80年代のヒップホップ映画は、ヒップホップ創成期を捉えたドキュメンタリー映画や、それをドラマ化したものが主流だったが、90年代に入るとその描かれ方が変わってくる。ヒップホップ自体を描いた映画、ヒップホップに影響を受けて描かれた映画、ヒップホップ・アーティストが参加した映画、そしてヒップホップに影響を及ぼす映画……と、種類が豊富になっていくのだ。そして何と言っても、1991年には『ニュー・ジャック・シティ』でアイス-Tが、『ボーイズン・ザ・フッド』でアイス・キューブが、カメオ出演という形ではなく、本格的に俳優としてデビューしたのも影響が大きい。
クイーン・ラティファが『ジャングル・フィーバー』（1991年）、ウィル・スミスが『ハートブレイク・タウン』（1991年）、LLクールJが『ハード・ウェイ』（1991年）、トゥパック・シャクールが『ジュース』（1992年）と、挙げたらキリがないが……。1991〜1993年という短期間で、ラッパーたちが次々と本格的な演技で映画デビューを果たしている。

この状況は今も続いていて、世界的に人気の『ワイルド・スピード』シリーズでは、リュダクリスやタイリースと言ったアーティストたちが活躍しているし、ビヨンセも『ドリームガールズ』（2006年）などコンスタントに映画に出演し、ドナルド・グローヴァー（別名：チャイルディッシュ・ガンビーノ）のように映画に音楽と両方で評価を受けている新時代のスターも誕生している。

「フッド映画」の誕生

90年代に入ってすぐに誕生したのが、親が留守中の家で高校生が大がかりなパーティを開催する様子を描いたコメディ『ハウス・パーティ』（1990年）だ。後に『マーシャル 法廷を変

え た男』（2017年）の監督や、『ジャンゴ　繋がれざる者』（2012年）のプロデューサーを務めるレジナルド・ハドリンの長編映画監督デビュー作である。脚本もレジナルドが担当し、兄のワーリントン・ハドリンがプロデューサーを務めた。主役の2人を演じたのが、80年代からヒップホップ業界で活躍していたデュオ「キドゥン・プレイ」のクリストファー・リードとクリストファー・マーティン。映画のクライマックスとなるパーティのダンスシーンでは、キドゥン・プレイの曲やLLクールJなどが使われた。彼らのダンスやファッション、そして彼らのハイトップと呼ばれる高さのある髪形などが[*1]、若者の間で流行した。本作はサンダンス映画祭でも公開され、監督賞と撮影賞を受賞している。

あの『ボーイズン・ザ・フッド』（1991年）にもヒップホップの影響が見られる。今では着実に俳優・映画プロデューサーとしても成功しているラッパーのアイス・キューブが映画デビューを果たした作品でもあるし、そのアイス・キューブがN.W.A時代に書いた曲のタイトル「Boyz-n-the-Hood」が映画のタイトルにもなっていることからも明らかだ。映画とヒップホップがお互いに良い刺激を与え、影響し合った好例である。LAやNYなどの都会の黒人居住地区に住む若者を描いた90年代の作品は、この映画のタイトルから親しみを込めて「フッド映画」と呼ばれるようになった。

前項で書いたように『メナースⅡソサエティ』（1993年）は、『ボーイズン・ザ・フッド』同様に、ヒップホップの作り手が参加した映画であり、ヒップホップに影響を及ぼした映画でもあった。その理由として、『メナースⅡソサエティ』のキャラクターであるオー・ドッグの名前はラップの歌詞として、ジェイ・Zの曲からミーク・ミルにエイサップ・ロッキーまで、筆者がざっと数えただけでも100曲以上で登場している。南部出身のグッチ・メインによる「ODog」という、映画のオー・ドッグと自分を重ねた曲まである。100曲以上というのは、ラッパーたちにいかにこの映画が愛されたかを物語るのに十分過ぎるほどの数である。

モキュメンタリー『スパイナル・タップ』（1984年）のヒップホップバージョンと言われている『CB4』（1993年）も、クリス・ロック主演で制作されている。主演のロックと音楽評論家・映画監督ネルソン・ジョージが脚本を手掛けた。架空のドキュメンタリー制作で、ラップグループがカメラで追われている様子が描かれたコメディだ。アイス・Tやアイス・キューブとイージーEなどが本人役でカメオ出演し、スクリーンを盛り上げている。本編の中でも、N.W.Aの曲「Straight Outta Compton」がパロディ化されていたりする。監督のタムラ・デイヴィスは白人だがN.W.AやMCライトなどのミュージックビデオ監督から映画監督になり、ビースティ・ボーイズのマイクDと結婚していたという経歴の持ち主で、かなりヒップホップ色が強い。

長編ではなく18分の短編映画だが、音楽レーベル「デス・ロウ」のシュグ・ナイトがプロデュース、N.W.Aのドクター・ドレとヒップホップの御大ファブ・5・フレディが監督したスヌープ・ドッグの『マーダー・ワズ・ザ・ケース』*2（1995年）にも触れておきたい。その当時、デビューしたてのスヌープは殺人事件の容疑で裁判中であり、18分の短編と1枚のサウンドトラックにスヌープが置かれた状況をまとめたことで大きな注目を集め、サントラはビルボードトップ200で1位になりアルバムセールス的にも成功を収めた。

アイス・キューブの新境地

そして何と言っても『friday』（1995年）の存在は、90年代のヒップホップ・カルチャー、そしてブラックムービーを語るうえでも忘れてはならない。アイス・キューブと、当時はまだ若手コメディアンだったクリス・タッカーが共演した、コンプトンのとある「金曜日」を描いたオフビートなコメディだ。1993年にヒットしたアイス・キューブの曲「It Was A Good Day」のミュージックビデオ監督のF・ゲイリー・グレイにとっての長編映画監督デビュー作でもある。アイス・キューブ自身が「これまで描かれてきた〈フッドのリアル〉だけでなく、自分が経験した心温まる出来事や面白かったことを描いて、フッド・クラシックにしたい」と脚本に参加して、ラップや演技以外の新たな才能を開花させた。映画は、公開時には初登場2位という成績で、トータルで2800万ドルを稼ぎ出し、シリーズ化され『ネクスト friday』（2000年）、『Friday After Next』（2002年／日本未公開）も成功させ、まさにキューブが望んでいた「フッド・クラシック」な作品となった。

キューブは1998年には『ザ・プレイヤーズ』（1998年）で監督デビューも果たしている。この作品ではストリップクラブの世界を描いたことから、黒人版『ショーガール』（1995年）とも言われ、大方の映画批評家からの評価は得られなかったが、ロジャー・エバートは「この映画は説教くさくないうえに、価値がある。アイス・キューブが野望を持って、カラフルなキャラクターたちをいっぺんに描いたところが好きだ」と高く評価している。キューブの監督業は、この作品とTVのスポーツドキュメンタリー『"30 for 30" Straight Outta LA』（2010年／日本未放映）の2本のみ。だが、俳優・制作者としてのキューブの勢いは2000年代に入ってからも留まるところを知らない。

南部の新星マスターP

ジャズの聖地、南部のルイジアナ州ニューオリンズから、映画プロデューサーの新星が誕生する。音楽レーベル「ノー・リミット・レコード」のマスターPが映画業界に進出したのだ。

この頃のラップ界隈は、トゥパック・シャクールが所属していたロサンジェルスのデス・ロウ・レコードと、ノトーリアス・B.I.G.（以下、ビギー）が所属していたニューヨークのバッド・ボーイ・レコードが揉めた「東西戦争」が起こっていた頃である。1995年にラップ専門誌ソースが開催したソース・アワードでは西のスヌープ・ドッグがステージで東を煽る発言をし、一発触発の雰囲気になっていたが、ニュー・アーティスト賞を受賞したアウトキャストが「俺たち南部のラッパーだって言いたいことがある」と発言したのをきっかけに南部ラップも世間に認められるようになっていたのだ。

トゥパックが1996年に、ビギーが1997年にそれぞれ銃弾によりこの世を去ってしまい、東西戦争は最悪の終結を迎えた。それに代わるように、南部ラッパーたちが台頭していく。その中で、シルク・ザ・ショッカーやCマーダーなどの実の兄弟ラッパーを抱えていたマスターPは、アルバムだけでなく、映画制作にも乗り出してきたというわけだ。その先陣を切ったのが『I'm Bout It』（1997年／日本未公開）。実話（と宣伝では謳われている）を元にしたコメディで、なんと初作品ながらマスターPはプロデュースだけでなく、監督・脚本まで共同担当し、主演も務めている。ブラックスプロイテーションの女王パム・グリアや『ビッグ・ウェンズデー』（1978年）などで知られるゲイリー・ビューシイなど錚々《そうそう》たる顔ぶれを出演させた『ノー・トゥモロー』（1999年）で再び監督に挑んだマスターPは、東西戦争に疲れてデス・ロウ以外の道を模索していたスヌープ・ドッグをノー・リミットに引き入れ、音楽アルバムだけでなく、『ホット・ボーイズ』（2000年）にも出演させている。しかし、彼の映画作品は批評家に注目されて賞や映画祭に出展出来るような作品ではなく、ほぼ全てがいわゆる「ビデオスルー」される作品であった。しかし、『Foolish』（1999年／日本未公開）や『ロックダウン』（2000年）という作品は見ごたえがあって面白いインディペンデンス映画であった。

ゼロから何かを作り出したという点で、マスターPはブラックムービーの父オスカー・ミショーと同じであり、彼の映画作りは後のキャッシュ・マネー・レコードや、アカデミーの歌曲賞を後に受賞するスリー・6・マフィアにまで受け継がれている。

ブラックスプロイテーション再評価

このようにヒップホップ映画が増え、ラッパーたちが大挙して映画出演・制作にまで乗り出したことで、あるものが再び脚光を浴びるようになった。60年代後半～70年代生まれのラッパーたちが子供時代に憧れたブラックスプロイテーション映画のヒーロー／ヒロインたちだ。1988年には、キーネン・アイヴォリー・ウェイアンズによりブラックスプロイテーション映画のヒーローたちをセルフパロディ化した『ゴールデン・ヒーロー／最後の聖戦』（1988年）も制作されているが、1990年代のブラックスプロイテーション映画のアプローチはまた違うものであった。その多くが憧れと尊敬の念を持って描かれた。先に書いたように、マスターPが『ノー・トゥモロー』でパム・グリアを起用したように、多くのブラックスプロイテーション映画のヒーロー／ヒロインが再びスクリーンに戻ってきたのである。

その先駆けになったのが、ブラックスプロイテーション『ブラック・シーザー』（1973年）で知られるヒーローの1人フレッド・ウィリアムソンが制作・主演した『ホットシティ』（1996年）だ。原題は『Original Gangstas』で、ウィリアムソンをはじめ、『コフィー』（1973年）のパム・グリア、『シンジケート・キラー』（1972年）のジム・ブラウン、『ゴードンの戦い』（1973年）のポール・ウィンフィールド、『黒いジャガー』（1971年）のリチャード・ラウンドトゥリー、『スーパーフライ』（1972年）のロン・オニールというブラックスプロイテーションのヒーロー／ヒロインが大集結し、夢の共演が実現した。しかも、ゲトー・ボーイズ、ドリュー・ダウンなどのラッパーも出演し、この映画でヒップホップとブラックスプロイテーションが見事な融合を果たした。なお2014年にはこの映画の続編『Old School Gangstas』の制作を目指し、クラウドファンディングサイトで資金を集めるという動きがあったが、残念ながら失敗に終わっている。

1996年には、フレッド・ウィリアムソンがロバート・ロドリゲスの『フロム・ダスク・

ティル・ドーン』（1996年）に出演。物語に大きく関わる重要な役で「まだまだ戦える」と強烈な印象を残し、同じ年のティム・バートンの『マーズ・アタック！』（1996年）ではパム・グリアとジム・ブラウンとポール・ウィンフィールドが起用され、ブラックムービーだけでなく、ロバート・ロドリゲスやティム・バートンという映画ファンの間で絶大な支持を誇る人気監督の作品で大きな印象を残したことは、ブラックスプロイテーション映画再評価に大きく繋がっている。

そしていよいよ、『ジャッキー・ブラウン』（1997年）が登場する。『レザボア・ドッグス』（1992年）で一躍注目を集め、新作を発表する度に話題になっていたクエンティン・タランティーノ監督作である。タランティーノはブラックスプロイテーションにも精通し、中でもお気に入りはブラックスプロイテーションの女王パム・グリア。グリアはタランティーノとの出会いをこう回想している。「『パルプ・フィクション』（1994年）の成功後だったかしら？ワーリントン・ハドリンとデート中に、ハドリンがタランティーノに気づいたの。私は彼のことを知らなかったんだけど、彼の方から〈あなたはパム・グリアですね？〉って話しかけてきて、ビックリしたわ。それで、私を主役にエルモア・レナードの〈ラム・パンチ〉を原作にした脚本を書いていると言っていたけれど、その話、全く信じてなかったの」

パム・グリアはこの映画への主演をきっかけに再び脚光を浴び、そして念願のゴールデン・

グローブ賞のコメディ・ミュージカル部門の主演女優賞にノミネートされるまでになった。70年代、ブラックスプロイテーション映画はB級扱いをされ、出演していた役者・監督は賞レースでノミネートされることなどなかった。グリアは自身の著書でその時のことをこう記している。「勝っても負けても、これは私のような有色人種の女性にとって、貴重な経験になると思ったわ」

『クラッシュ・グルーブ』（1985年）を制作したラップ老舗専門レーベルのデフ・ジャムは、MTVの人気司会者／コメディアンのビル・ベラミーを起用し、ロマンチックコメディ『How to Be a Player』（1997年／日本未公開）を制作。この映画には、ブラックスプロイテーション・スターたちが再集結した『ホットシティ』には参加しなかった、『The Mack』（1973年／日本未公開）で伝説的なピンプである主人公を演じたマックス・ジュリエンが出演したことも話題となり、こちらもラップとブラックスプロイテーションが融合した一例だ。

そして90年代と2000年に入ってからのゼロ世代を繋ぐ、NASとDMXが主演の『BELLY 血の銃弾』（1998年）が完成する。監督は、90年代初めからミュージックビデオの監督として活躍していたハイプ・ウィリアムズだ。トゥパックの「California Love」やビギーの「One More Chance」などで既に有名ではあったが、何と言ってもバスタ・ライムスやミッシー・エリオットとのコラボで魚眼レンズを多用し、色彩鮮やかなネオンを映し出したウィリアムズのミュージックビデオは唯一無二の特徴があるものだった。

『BELLY　血の銃弾』は、NASとDMXというラッパーの2人を現代の『スカーフェイス』（1983年）的な世界においたクライムストーリー。ミュージックビデオ同様にハイプ・ウィリアムスが描いたビジュアルやスタイルは、批評家からも絶大な評価を受け、日本のヒットシリーズ『HiGH&LOW』のスピンオフ『HiGH&LOW THE MIGHTY WARRIORS』（2017年）でもその影響が色濃く感じられた。しかし内容そのものが評価を受けず、残念ながらウィリアムズの映画長編監督作は、この1作のみとなっている。だが彼がその後に続くミュージックビデオ監督から映画監督への道を切り開いた1人であることは変わらない。

＊1：漫画『スラムダンク』のゴリ、もしくはGENERATIONS from EXILE TRIBE所属の関口メンディーの髪形を想像してもらえると、分かりやすい。
＊2：サウンドトラックは1994年発売。

House Party
ハウス・パーティ
1990

この後に3作も続編が作られた人気コメディ映画。親の留守中に高校生がこっそり家でパーティをする……それだけの話であるが、ダメな高校生が頑張るという青春映画的な要素があったため、多くの観客に受け入れられた。音楽、ファッション、ヘアースタイルなどが、当時の若者のカルチャーを象徴している。1992年のLA暴動や『ボーイズン・ザ・フッド』や『メナース=ソサエティ』などの公開前だったので、それらの影響を受けておらず、フル・フォースが演じる悪役に「撃たれる」のではなく「殴られる」という恐怖感の演出も面白い。

監督●レジナルド・ハドリン
脚本●レジナルド・ハドリン
出演●クリストファー・リード、ロビン・ハリス、クリストファー・マーティン、マーティン・ローレンス

Friday
friday
1995

アイス・キューブ主演・脚本のフッド・コメディ。『ハウス・パーティ』とは違って『ボーイズン・ザ・フッド』や『メナース=ソサエティ』以降の作品ながら、暴力が蔓延る危険なフッドではなく、コミカルな面を描いている。本作で最も怖いのは、自転車でうろつく大男ディーボ（タイニー・リスター・Jr.）だが、彼とも銃ではなく拳で戦うのが最高だ。物語の舞台は、家の中やポーチ、近所の道路などである。喜怒哀楽のドラマは、そんな狭い範囲でも沢山起きるという事実に改めて気づかせてくれる。フッドに住む人々もそれは同じなのだ。

監督●F・ゲイリー・グレイ
脚本●アイス・キューブ
出演●アイス・キューブ、クリス・タッカー、ニア・ロング、タイニー・リスター・Jr.

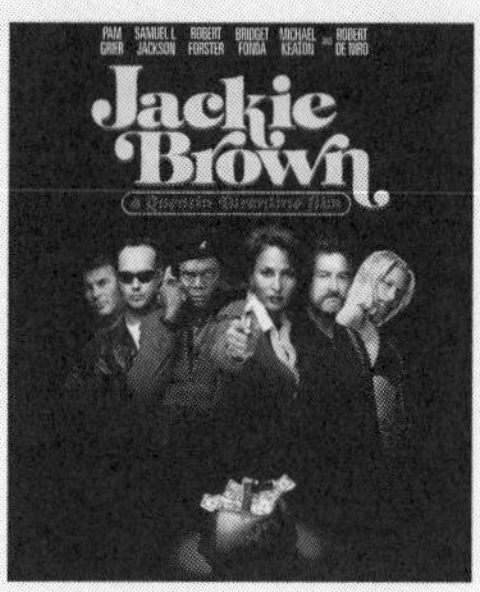

Jackie Brown
ジャッキー・ブラウン
1997

エルモア・レナードの小説『ラム・パンチ』をクエンティン・タランティーノ監督が映画化したクライムストーリー。レナードの独特なノワールの世界観に、ブラックスプロイテーション・テイストを上手く加えている。主役のパム・グリアも得意なジャンルで輝きを見せた。とはいえ70年代の時のように肌を大胆に露出するのではなく、年相応な知性が光る、いぶし銀の魅力を放っている。他のキャラクターもタランティーノ作らしく非常に濃く、サミュエル・Ｌ・ジャクソンが演じたオデールなどが強烈な印象を残している。エンターテインメント性に優れた1本。

監督●クエンティン・タランティーノ
脚本●クエンティン・タランティーノ
出演●パム・グリア、サミュエル・L・ジャクソン、ロバート・フォスター、ブリジット・フォンダ

Belly
BELLY　血の銃弾
1998

ラッパーのＤＭＸとＮＡＳが主演し、ミュージック・ビデオ界では成功しているハイプ・ウィリアムズが監督を務めた1本。ウィリアムズの代名詞とも言えるスタイリッシュで美しい色使いは健在で、特にトミー（ＤＭＸ）の豪華なアパートと、女性の肌の描写でそのスキルが十分に活かされている。レストランでの撃ち合いや麻薬取引など、裏社会についての描写は興味深く、ＭＶ監督出身なだけあって音楽の使い方が上手いが、ストーリーテラーとしては稚拙さが目立つ。筋書きに目新しさはないし、２人の内面の変化の過程が説明不足なのは否めない。

監督：ハイプ・ウィリアムズ
脚本：ハイプ・ウィリアムズ
出演：DMX、NAS、ハッサン・ジョンソン、タラル・ヒックス

ジョン・シングルトン・イン・ザ・フッド

ジョン・シングルトンとアイス・キューブ

「私はヒップホップ監督の第一世代だ」と語るジョン・シングルトン。1968年生まれの彼が最初にヒップホップに触れたのは11歳の時で、当時ラップ最大のヒットだったシュガーヒル・ギャングの「Rapper's Delight」を聴いてラップにのめり込むようになった。思うに、ジョン・シングルトンの映画にはこれといった特徴はない。例えばスパイク・リーの映画には必ずドリーショット[*1]が用いられ、それが彼らしさを特徴づけているが、シングルトン映画のビジュアルにはそれがない、実にシンプルで基本に忠実な作りである。彼の映画を特徴づけるならば、やはり自ら「ヒップホップ監督第一世代」と称する彼らしく、ラッパー・歌手の起用が巧みなことだろう。

『ボーイズン・ザ・フッド』でアイス・キューブが演じたドウボーイを見ると「キューブはドウボーイを演じるために生まれてきたのではないか?」と思えるほどのベストキャスティングだ。しかし、当時のアイス・キューブは映画には興味がなく、演技をすることに違和感を抱いていた。実際にこの映画のオーディション時には全くやる気がなく、ふざけていて酷いものだったという。それでもドウボーイ役にはアイス・キューブを、と考えていたシングルトンは、やる気のないキューブに激怒しながらも3度のチャンスを与え、キューブがこの映画の素晴らしさに気づくまで根気よく待つことで、あの名キャラクター、ドウボーイが誕生した。

シングルトンは、他にも『ポエティック・ジャスティス』(1993年)ではジャネット・ジャクソンとトゥパック・シャクールを、『ハイヤー・ラーニング』(1995年)では再びアイス・キューブとバスタ・ライムスを、『サウスセントラルLA』(2001年)ではタイリースを起用し、他にも多くのラップアーティストやミュージシャンを演技の道に導いてきた。

シングルトン監督の生い立ち

ジョン・シングルトンの生い立ちはうっすらと『ボーイズン・ザ・フッド』に描かれている。特に、彼の両親に関する描写はそのままである。2人が結婚していた事実や一緒に住んでいた期間などはないようだが、共同でシングルトンを育てていて、主人公トレのように、どちらかの家に住んでいた。9歳の頃に父に連れられて観に行った『スター・ウォーズ』（1977年）が、シングルトンの人生を変える。その年は、ジョージ・ルーカス監督の『スター・ウォーズ』だけでなく、スティーヴン・スピルバーグ監督の『未知との遭遇』（1977年）も公開されており、シングルトンはルーカスやスピルバーグという監督に影響を受けていく。シングルトンはそのことを「当時の俺には、ゴードン・パークス[*2]やメルヴィン・ヴァン・ピーブルズやマイケル・シュルツという黒人監督を知る術もなかった。俺が知っていた映画監督はルーカスとスピルバーグだけだった」と語っている。

シングルトンと『ボーイズン・ザ・フッド』のトレの人生には明らかに違う点がある。父が住んでいたところはコンプトンではなく、ロサンゼルス国際空港に繋がるイングルウッドの大通りだった。近所に住む友人は、6時半には起きて、バスで1時間もかけてサン・フェルナンド・バレーにある公立の学校に通っていた。そこにはエンターテインメント業界の人々やその親族が多く、なんとあのジャネット・ジャクソンも同じ学校に通っていたという。クラスメイトが業界人の子供で、スピルバーグ監督の『レイダース／失われたアーク《聖櫃》』（1981年）や『E.T.』（1982年）のプレミアに参加しており、シングルトンはその話をワクワクしながら聞いていたという。そのような環境で、シングルトンは早熟な映画オタクとなり、将来は映画監督になると決めていた。しかし、周りの仲間に「白人たちは黒人に映画なんて作らせねーよ！」と言われ続けたという。しかし悪い仲間ばかりでもなく、中学時代の友人の1人カール・オースティンはシングルトンに脚本書きにとってマスト本とも言われているシド・フィールドの著書『シナリオ入門——映像ドラマを言葉で表現するためのレッスン』[*3]を彼にプレゼントしている。高校時代には学校新聞で映画評論を書くようになり、そのために映画鑑賞無料パスが貰えたため、スタンリー・キューブリックやフランソワ・トリュフォーや黒澤明などの映画を観るようになり、パサデナ・シティ大学で8ミリの映画撮影のクラスを取り、その後に憧れのジョージ・ルーカスの母校であるUSC（南カリフォルニア大学）の映画学科に進むことを決める。

その頃、シングルトンの母親は、アトランタにある名門女子大スペルマン大学に通う女性と親しくなっていた。シングルトンはその女性から、『シーズ・ガッタ・ハヴ・イット』（1986年）の試写会のフライヤーを貰う。スペルマン大学と、スパイク・リーが通っていたモアハウス大学は歩いて1分の距離にあり、交流が盛んである。[*4]その女性を通じて、シングルトンも試写会に参加。そこにはスパイク・リーも出席していて、シングルトンは押し寄せる人垣をかきわけて、スパイクに向かって「俺の名前はジョン・シングルトンです。あと2週間ほどで映画学科に進みますので、俺に抜かされないように気を付けて！」と声を掛けたことは、語り草となっている。特に、『シーズ・ガッタ・ハヴ・イット』以降のスパイクの活躍はシングルトンに大きな希望を与えた。大学で書いた脚本が賞を受賞し、エージェントが契約してくれないことに嫌気がさし、ちょうどその頃スパイクが『ドゥ・ザ・ライト・シング』（1989年）撮影のためにクルーを募集していたのもあって、大学をやめてブルックリンに向かおうかと真剣に考え始めていた

その頃はパブリック・エナミーにN.W.Aなどが出てきたヒップホップの黄金時代でもあった。彼らラッパーのように「自分の経験を書きたい」と思い、USCのコンピュータールームでN.W.Aやイージー Eを聴きながら脚本を書き、自分を鼓舞した。

「俺の脚本のタイトルは『ボーイズン・ザ・フッド』。LAのサウスセントラルの物語だ。オートマチックの銃声やヘリコプターの音が聞こえてくるところで、3人の少年が成長する。これは俺の終生の大作。この映画を作るために俺は生まれてきたんだ」

終生の大作『ボーイズン・ザ・フッド』の脚本を書き終えたシングルトンは、インターンをしていたコロンビア・ピクチャーズにシナリオを持ち込んだ。気に入ってもらえたが、なかなか制作には踏み切ってもらえなかった。エージェントのCAAとの契約後に、シングルトンはデフ・ジャムのラッセル・シモンズと面会をする。シモンズの横柄な態度に辟易したシングルトンは、台本を置いて帰った。その後、シモンズは脚本を読み、大変気に入った。シモンズは

「この脚本は、俺が人生で読んだ脚本の中でも、文句なく一番にクソ面白いじゃんか！　アホ白人野郎たちめ、よく聞け！　これは俺が初めてプロデュースしたいと思った、最高の脚本なんだよ」と、コロンビア・ピクチャーズの重役に電話をした。それでもコロンビア・ピクチャーズは二の足を踏んだが、ピーター・グーバーとジョン・ピーターズというハリウッドの重鎮プロデューサーの2人がこの映画のために資金を出すと知り、それならばとコロンビアは映画制作にGOサインを出した。こうしてようやく『ボーイズン・ザ・フッド』が制作されることになったのであった。

『ボーイズン・ザ・フッド』と『ポエティック・ジャスティス』

自分が住んできた地元での撮影に挑んだシングルトン。多くの古い知人がそれに気づき、「え？　映画撮っているの？」「監督なの!?」と驚かれ、激励されたという。撮影中も200人近い地元の野次馬たちが駆けつけ、シングルトンの「カット！」が聞こえると、皆「イェーイ！　頑張ってー！」と声を掛け、地元での撮影を歓迎し応援したという。

先の項で書いたように、『ボーイズン・ザ・フッド』はカンヌ国際映画祭で上映された。そしてスパイク・リーの『ジャングル・フィーバー』（1991年）も同じくカンヌ国際映画祭で上映された。フランスのカンヌで、ジョン・シングルトンはスパイク・リーと共に、映画監督という同等の立場で、食事を共にした。シングルトンは、「スパイクは俺にとって兄のような存在。いつも彼のようになりたいと思って生きてきた。そして俺たちはお互いに尊敬し合っている。なぜなら2人とも映画学科卒業だからね。エリート主義ではないけれど、大学で映画作りを勉強しただけでなく、その過去や歴史を知っていることが強みなんだ」と語っている。スパイクも同じように「ジョンはUSCに行って、ちゃんとした教育を受けている。映画監督になるためにみんなそうしろと言っている訳ではないが、技術を学ぶことは大事なんだ」と答え、結束を滲ませる。そしてシングルトンは、この映画のエンディングロールでスパイク・リーの名前をクレジットし、感謝の意を表明している。

スパイクが『シーズ・ガッタ・ハヴ・イット』で成功した後マイルス・デイヴィスから連絡を受けてミュージックビデオを手掛けたように、『ボーイズン・ザ・フッド』で大成功したシングルトンの元にはなんとあのスーパースターのマイケル・ジャクソンから電話が掛かってくる。そして大ヒットアルバム『デンジャラス』からの第2弾シングル「リメンバー・ザ・タイム」のショート映画及びミュージックビデオを担当することになった。マイケルだけでなく、エディ・マーフィーもビデオに参加し、古代エジプトを舞台にしたビデオは大きな反響を得た。

シングルトンが長編映画2作目として発表したのが『ポエティック・ジャスティス／愛するということ』（1993年）。大ヒットメーカーの歌姫ジャネット・ジャクソンを主役に、相手役に選んだのがラッパー兼俳優のトゥパック・シャクール。音楽業界の中でも真逆に位置しているかのように思えた、誰も予想しなかった大胆なキャスティングは多くの人を驚かせた。ジャスティス（ジャネット・ジャクソン）という名の若き詩人は食べていくために昼間は美容院で働いている。最愛の人を亡くした悲しみで落ち込んでいたが、美容院に来る郵便配達ラッキー（トゥパック・シャクール）に口説かれ……という、ラブロマンスドラマ。中盤はロードムービーでもある。映画批評家たちから『ボーイズン・ザ・フッド』の時のような評価は受けなかったが、黒人観客にとっては詩人マヤ・アンジェロウ全面協力の元使用された詩などの評価が高い。アメリカではこの映画公開後に、マヤ・アンジェロウの詩集コレクションが続々と再販されたり、新たに出版されたりした。

この映画の舞台となったLA出身のラッパー、ケンドリック・ラマーのアルバム『good kid, m.A.A.d city』には、そのままずばり「Poetic Justice」という曲があり、この映画が後世に与えた影響の大きさが伺える。また、この映画の曲「Again」でジャネット・ジャクソンは初めてアカデミー歌曲賞にノミネートされた。

父から息子へと、人種差別者がどのように繁殖し育っていくか

シングルトンの3本目は、大学での人種隔離と対立を描いた『ハイヤー・ラーニング』（1995年）となった。大学を舞台にした映画となると、もちろんスパイク・リーの『スクール・デイズ』（1988年）を誰もが思い出す。『スクール・デイズ』は架空黒人名門大学を舞台にし、黒人同士の「色の濃さ・薄さ」による摩擦を描いていたが、この『ハイヤー・ラーニング』は違った。架空アメリカの名門大学を舞台にし、人種そのものの対立を描いたのだ。黒人大学でない限り、アメリカの大学内もまた社会の縮図である。そうすると、どうしても白人の比率が高くなる。その中で同じ人種同士がどうしても集まってしまい、集団を作る。批評家からの評判は賛否両論だったが、教授を演じたローレンス・フィッシュバーンの演技が高評価を受けている。

脚本を別のシナリオライターが書き、初めて監督としてだけ参加したのが『ローズウッド』（1997年）だ。1923年、フロリダ州ローズウッドで起きた、「黒人にレイプされた」という白人女性の虚偽証言によって始まった黒人への大量殺りく事件を描いたドラマ作品である。この作品で、シングルトンは『ボーイズン・ザ・フッド』以来となる、批評家からの絶大な評価を得た。ロジャー・エバートは「この実話をシンプルに描くだけならば悲しい記録だけに

なっていたであろう。しかしこの映画は父から息子へと、人種差別者がどのように繁殖し育っていくかも描かれている」と絶賛している。しかし、残念ながらそれが興行成績には結びつかなかった。ここから少しずつ、シングルトンは勢いを失っていく。

＊1：ドリー（台車）にカメラを載せて被写体を撮るカメラ技術だが、スパイク・リーの場合は、被写体もドリーに乗り、周りの風景だけが動く。スパイク作品では、『スクール・デイズ』のラストなどでも使われていたが、『モ・ベター・ブルース』辺りからはお約束で登場する。『マルコムX』暗殺前、『ラスト・ゲーム』のエンドロールなど。

＊2：ゴードン・パークスは著名な写真家であり、映画『黒いジャガー』（1971年）の監督でもある。

＊3：彼も『テロ・ポイント　ロンドン爆破へのカウントダウン』（2007年）などの脚本家として活動中。

＊4：モアハウス大学とスペルマン大学。ジョージア州アトランタにある歴史ある黒人大学。モアハウスは男子大、スペルマンは女子大。モアハウス大学に通っていたサミュエル・L・ジャクソンがその当時出会い結婚したのがスペルマン大学で演技の勉強をしていた女優ラタンヤ・ジャクソンである。

重要作品レビュー

Poetic Justice
ポエティック・ジャスティス／愛するということ
1993

監督●ジョン・シングルトン
脚本●ジョン・シングルトン
出演●ジャネット・ジャクソン、トゥパック・シャクール、レジーナ・キング、ジョー・トーリー

主演にトゥパックとジャネット・ジャクソンという2大トップ・アーティストを起用したことでも話題になった本作。シングルトンらしい、傷つけ合いながらも大人になっていく男女を描いたストレートな作品に仕上がっている。トゥパックが演じたラッキーは、彼が『ジュース』（1992年）で演じたビショップが少し成長して大人になった姿のようにも見える。一般的に、ロードムービーは主人公たちが旅を通じて大人になっていく姿を描くものだが、本作の旅は破滅的だ。しかし、観客はひたむきに音楽を愛するラッキーの人物像に親近感を覚えたりする。

Higher Learning
ハイヤー・ラーニング
1995

監督●ジョン・シングルトン
脚本●ジョン・シングルトン
出演●オマー・エプス、クリスティ・スワンソン、マイケル・ラパポート、ローレンス・フィッシュバーン

大学内での人種対立や学生生活の問題点などを描いた社会派ドラマ。3人の学生と、教授（ローレンス・フィッシュバーン）を中心に大学生活が語られていく。学生3人は、人種差別、強姦、性差別、洗脳など何かしらの被害者だ。学びの場であるはずの大学が悲劇を生む場所となってしまっていることを描こうとはしているが、すべて黒人側の視点で描いているために、問題を単純化し過ぎているようにも見える。アジア系やヒスパニック系の学生が物語には全く絡んでこず、見えない存在となっているのも本作が余計に単純に見えてしまう一因だ。

スパイク・リーとマルコムX

ジャズへの思いと『モ’・ベター・ブルース』

90年代に入ると、スパイク・リーは『モ’・ベター・ブルース』（1990年）や『マルコムX』（1992年）など、彼がもともと作りたいと思っていた映画を撮り、順調にキャリアを築いていく一方で、様々なトラブルも抱えていた。頼りにしていたプロデューサーや撮影監督などの古い仲間が彼の元を去っていき、それに彼自身の作品の評価も左右されていく。スパイクはそれでもへこたれず、新しいことに挑戦し、成功と挫折の両極端を経験しながらこれまでと別の道を模索していった。ここでは、彼の90年代の活動を総括してみよう。

スパイクは、クリント・イーストウッド監督のジャズ映画『バード』（1988年）を観て

「これは僕の大好きなチャーリー・パーカーでない」と失望し、自分の手で歴史に残るジャズ映画を作ることを決意する。

ジョン・コルトレーンのアルバム『A Love Supreme（至上の愛）』を「今までにレコーディングされたアルバムで史上最高」と語るスパイクは、自身のジャズ映画のタイトルをアルバムと同名の『A Love Supreme』にしようと試みた。しかし、コルトレーンの遺族である妻アリス・コルトレーンからタイトルなどの使用許可が貰えず、傷心した。

もともと「ジョン・コルトレーンを完璧に演じられる俳優なんていない」と考えていたスパイクは、コルトレーンの自伝映画を撮りたいとは思っていなかった。そこで、架空のジャズ・トランペッターの半生を描くことにする。主演は、『グローリー』（1989年）で注目を集めていたデンゼル・ワシントンに決まった。スパイクはデンゼルが出演していた舞台『Checkmates』（1988年／ブロードウェイ劇）を見に行き、感銘を受けていたという。『グローリー』でアカデミー助演男優賞を獲得していたワシントンだったが、まだ主役を張る俳優としては注目されておらず、新作への参加を承諾してくれた。そのワシントンと恋仲になる女性の1人に、スパイクの妹ジョイ・リーを起用。音楽は父のビル・リーが担当した。

これまでも幾度も家族を自身の映画に参加させてきたスパイクだったが、今回は衝突してしまう。元々音楽家のビル・リーは、ジャズへの思い入れが強く、監督としてのスパイクの仕事に口を挟むようになった。そしてデンゼル・ワシントンとの激しいラブシーンがあるジョイ・

リーは、撮影現場に実の兄がいることが嫌で仕方なかった。そんな紆余曲折を経て完成したのが『モ・ベター・ブルース』（1990年）だ。

『モ・ベター・ブルース』はイタリアのヴェネツィア映画祭でプレミア上映され、大賞の金獅子賞は逃したが、特別賞を受賞している。しかし、この映画でスパイクは今までになかったような批判を受ける。ジョン・タトゥーロとニコラス・タトゥーロが演じたクラブ経営をするフラットブッシュ兄弟があまりにも算盤尽くで、ステレオタイプのユダヤ人として描かれていると大バッシングを受けたのだ。アメリカ最大のユダヤ人団体である名誉棄損防止同盟（ADL）は、正式に苦情の声明を発表した。

それに対してスパイクは「馬鹿げている！」と声を荒らげ、ジョン・タトゥーロは、「私はイタリア人とユダヤ人のハーフで、そのような苦情に正直驚いている」とコメントした。この当時は『ドゥ・ザ・ライト・シング』のテーマ曲「Fight The Power」のパブリック・エナミーのメンバーの1人プロフェッサー・グリフも反ユダヤの発言をしてグループを脱退するなど、黒人とユダヤ人の関係が取り沙汰された時期でもあり、スパイクもその論争に巻き込まれてしまったのだ。論争は政治家や学者などにも飛び火し、なかなか終結しなかった。そして肝心の興行成績は1600万ドルとあまり伸びなかった。

サミュエル・L・ジャクソンのブレイク

スパイクが次に作ったのが、白人と黒人の異人種カップルを描いたドラマ『ジャングル・フィーバー』（1991年）だった。そもそも1989年8月に起きたユーセフ・ホーキンス殺害事件[*1]に、スパイクは強い憤りを感じていた。これは当時16歳だった黒人の少年ホーキンスが、イタリア系アメリカ人が多く住むブルックリンのベンソンハースト地区で30人近くの暴漢に襲われ、殺害された事件である。スパイクは、その事件があったベンソンハーストに住む白人女性アンジェラ（アナベラ・シオラ）と、ハーレムに住む黒人男性フリッパー（ウェズリー・スナイプス）の不倫を描いた脚本を書いた。

『シーズ・ガッタ・ハヴ・イット』の時もそうだったように、スパイクはこの脚本を書き上げる前に、綿密に取材をして多くの人にインタビューをしている。制作の動機については「映画の中でいつも異人種カップルは大きな比重を占めていたからね。『國民の創生』（1915年）だってそうだ」と語っている。

撮影は実際にベンソンハースト地区で行われたが、人種的偏見が強いこの地区では撮影中に石を投げつけられ、撮影クルーの殺害をほのめかす脅迫まで送られてくるなど、様々な妨害を受けながらの制作という過酷な状況であったという。

そしてこの映画は異人種カップルの物語ばかりが取り上げられがちだが、ゲイター（サミュエル・Ｌ・ジャクソン）と父（オシー・デイヴィス）、ポーリー（ジョン・タトゥーロ）と父（アンソニー・クイン）、アンジェラと父（フランク・ヴィンセント）という「父と息子・娘」のジェネレーションギャップを上手く描いているところにも注目したい。

この映画の演技で、サミュエル・Ｌ・ジャクソンはカンヌ国際映画祭にて助演男優賞を獲得した。ジャクソンは大学卒業後、ニューヨークのニグロ・アンサンブル・カンパニーで舞台に立っていたが、映画俳優としてなかなか芽が出なかった。劇団の『ソルジャー・ストーリー』（１９８４年）が映画化された時も、自分だけ映画に出演出来なかったことに落ち込み、この映画のゲイター同様に麻薬中毒になっていたのだった。しかし、この映画をきっかけに完全復活し、ブレイクを果たしたことはもう誰もがご存じであろう。なお、ジャクソンが演じるゲイターと、彼の父である牧師の関係は、歌手のマーヴィン・ゲイの父子関係がモデルになっている。

作品はカンヌ国際映画祭でサミュエル・Ｌ・ジャクソンの助演男優賞以外にも、特別賞を受賞。興行成績も３２００万ドルと、前作の『モ'・ベター・ブルース』の２倍を稼ぎ、商業的にも成功した。

念願の力作『マルコムX』

そしてスパイクは、念願の『マルコムX』（1992年）の制作に入っていく。この映画を紹介する前に、マルコムXという人物の人生をかいつまんで説明しておこう。

マルコムX（本名：マルコム・リトル）は1925年ネブラスカ州オマハに生まれ、父と母は熱心なマーカス・ガーベイの信奉者であった。[*2] 幼い時に、父が白人至上主義秘密結社クー・クラックス・クランから枝分かれした組織ブラック・リージョン（Black Legion）に殺害されてしまう。マルコムは不良となって、刑務所暮らしを経験する。その時に、ネイション・オブ・イスラム（NOI）という黒人イスラム団体に出会った。出所後は、聖職者として活動して「マルコムX」と名乗るようになる。雄弁なスピーチが有名で、NOIのリーダーとなっていくが、内部の事情を知り、後に袂《たもと》を分かつ。1965年2月21日に暗殺され死亡。享年39歳だった。

スパイクの『マルコムX』に深い関わりがある作品がいくつか存在している。『Death of a Prophet』（1981年／日本未公開）は、60分という短いテレビ映画だが、こちらはなんとあのモーガン・フリーマンがマルコムXを演じ、マックス・ローチが音楽を担当し、日系人の活動家ユリ・コウチヤマや、オシー・デイヴィス、詩人・劇作家アミリ・バラカなどが当時を語るインタビュー映像などを挟んだ、半ドラマ半ドキュメンタリーという一風変わった作品である。この映画の監督はニューヨークの歴史ある黒人演劇団ニュー・フェデラル・シアター設立者[*3]ウッディ・キング・ジュニアだった。その劇団が1981年に手掛けたのが、マルコムXが窮地に立たされた有名な言葉からタイトルを取った『When the Chickens Come Home to Roost』（1981年）という舞台である。出演はイライジャ・モハメドとマルコムXだけの2人舞台だ。その時のマルコムX役は、ブレイク前のデンゼル・ワシントンだった。この舞台は口コミで広がって人気となり、当時を語るワシントンによれば、「劇場に信じられないほどの長蛇の列が出来ていて、ダイアナ・ロスも観に来てくれたんだ。その時、有名になったんだなぁ……って実感したよ」と語っている。この作品はワシントンがマルコムXを演じていたという点でスパイク・リーの『マルコムX』との共通点がある。

そしてもう1作、1973年のアカデミーのドキュメンタリー賞にもノミネートされた『ドキュメンタリー　マルコムX』（1972年）がある。アーノルド・パールという白人の脚本家が唯一監督を手掛けた作品である。この作品のプロデューサーの1人、マーヴィン・ウォースがアレックス・ヘイリー著の『マルコムX自伝』の映画化権を持っていた。ウォースはドキュメンタリーだけでなく、劇映画化の企画も進めていた。ウォースは、『ソルジャー・ストーリー』（1984年）のチャールズ・フラーや、アミリ・バラカなどの有名劇作家に脚本を書かせたこともあったが、なかなか満足のいくものにならなかった。作家でマルコムの友人でもある『私はあなたのニグロではない』（2016年）のジェームス・ボールドウィンも脚本を手掛けたが、完成せずじまいであった。その未完成の脚本を加筆したのが、『ドキュメンタリーマルコムX』のアーノルド・パールだった。マーヴィン・ウォースは、ワーナー・ブラザーズと映画化の話をつけ、制作に踏み切った。その時に監督に選んだのが、『ソルジャー・ストーリー』や『夜の大捜査線』などで知られ、黒人を描くことにも定評のあるノーマン・ジュイソンだった。だが、そのニュースを聞いたスパイク・リーは激怒。「白人監督にマルコムXの自伝映画は撮れない」と激しく反発した。スパイクは「マルコムの映画を撮るならば、ネイション・オブ・イスラム（NOI）やルイス・ファラカーンにもお伺いを立てなければならない。彼らが白人監督を家やモスクに招いて話をすると思うかい？」と主張した。そういったキャンペーンが功を奏し、ジュイソンは監督から降板。スパイクが『マルコムX』を監督することとなる。

実はスパイクが『モ'・ベター・ブルース』をジョン・コルトレーンの自伝映画にしなかった理由は「演じられる俳優がいない」という以外にもうひとつある。スパイク自身が「もし僕が誰かの自伝映画を撮るならば、最初はマルコムXなんだ」と決めていたのだ。スパイクの大学時代からの旧友で、『マルコムX』の撮影監督として参加したアーネスト・ディッカーソンも、「マルコムXの自伝映画を撮ることは、映画学校時代からの我々の夢だったんだ」と語っている。

正式に『マルコムX』の監督に就任したスパイクは、今まで頓挫したチャールズ・フラーやアミリ・バラカやジェームス・ボールドウィン&アーノルド・パールの脚本を読み、ボールドウィンとパールの脚本を選んで、自ら加筆した。というのも、ボールドウィンは当時、映画会社のコロンビアから依頼を受けて脚本を書いていたが、マルコムXのメッカ巡礼を書くなとコロンビアに指示され、書き終えることが出来なかった。なのでスパイクがメッカ巡礼などを加筆したのだ。

スパイクは、マルコムXの葬儀で弔辞を読んだ俳優のオシー・デイヴィスに、その原稿の使用許可と劇中での弔辞の朗読を懇願した。デイヴィスは、個人的に親しかったマルコムのことなので、再読すれば彼を永久に失った苦痛が蘇り、こらえきれなくなると思い悩んだ。しかし、スパイクの熱心な説得にほだされて、最後には承諾した。

『When the Chickens Come Home to Roost』の舞台にてマルコムXを演じ、マルコムXの書籍からスピーチ集のアルバムなどを聞きまくったデンゼル・ワシントンは、映画で使用するマルコムのスピーチ選びに積極的に参加し、常に的確なアドバイスをスパイクに与えた。デンゼルは「舞台のお陰もあり、映画の時にはもう役作りする必要すらなかったんだ。体にマルコムがずっと残っていたから、瞬時に彼になれた」と語っている。そして、自ら主張した通り、スパイクはこの映画のためにNOIやルイス・ファラカーンにも面会している。前々から、映画組合の助けが使えない場合、警備などをNOI傘下のフルーツ・オブ・イスラムに頼んだこともあったのだ。スパイクはNOIやファラカーンと丁度いい距離感を保っていたつもりであったが、実際はそうではなかった。マルコムXを暗殺したグループを演じた役者たちが、フルーツ・オブ・イスラムに洗脳されていたのだ。仕事の都合でリハーサルに数日遅れてやってきた俳優のジャンカルロ・エスポジートが異変に気づき、「フルーツ・オブ・イスラムの連中は、NOIの内部犯行じゃなくて、FBIが我々に嘘を言っていると言いふらしていて、他の俳優たちは何をしでかすか分からないぞ」とスパイクに忠告している。

問題はそれだけではなかった。この作品をきっかけに、いわゆるスパイク組であるプロデューサーのモンティ・ロス、撮影監督のアーネスト・ディッカーソンなどの中心メンバーがスパイクの元を離れていくことになる。さらに、この映画に出演したエキストラが殺害されたりと、スパイクの心が休まる時はなかった。しかも、既にスパイクがマルコムXの映画を撮っていることは世間に知られていたので、街ですれ違う人々からも「マルコムXの映画を台無しにするなよ！」と散々声を掛けられ、それも大きなプレッシャーとなっていた。そしてこだわりゆえに膨れ上がった制作費を巡って、ワーナー・ブラザーズとも揉めている。メッカまでの撮影クルーの移動などで莫大な撮影コストがかかるマルコムXのメッカ巡礼シーンを、ワーナーはどうしても認めたくなかったのだ。

そういった四面楚歌の状況で、救世主が現れる。ビル・コスビー、プリンス、オプラ・ウィンフリー、マイケル・ジョーダン、マジック・ジョンソン、ジャネット・ジャクソン、トレイシー・チャップマン、ペギー・クーパー＝カフリッツ……と、映画・TV関係者、NBA選手、ミュージシャン、学者など、各界を代表するスターたちが金銭的な制作費の援助をし、彼らの助けによって、この映画はようやく完成した。

マルコムXブームの到来

『マルコムX』のオープニングは、マルコムXのスピーチが聞こえる中、アメリカ国旗と1991年3月にロサンゼルス郊外で起きたロドニー・キング襲撃事件のビデオが交互に流れる。実は、この映画の完成後にLAのワーナーで行われた初めての上映会は、1992年4月29日であった。そう、その日はロドニー・キングを襲撃した警官たちへの評決が下された日であり、LA暴動の初日である。実に数奇な運命である。そして、当時のLA暴動の映像を見ると、多くの人々がマルコムXの帽子やTシャツを着ていることに気づく。まだ映画は公開前だったが、スパイクの映画に多くの著名人が資金を出したことなどが知られており、映画公開を前に原作本『マルコムX自伝』が再び脚光を浴びていた。『マルコムX自伝』は1987年にペーパーバックとして再販されていたが、1989年から1992年の間には売り上げが300％の伸び率で上昇していった。

Tシャツやキャップなどのマルコム X グッズは、スパイク・リー自身の制作会社「40エーカーズ・アンド・ア・ミュール・フィルムワークス」[*4]で販売していた。これはブルックリンにあった事務所で、会社を大きくしようと、90年代に入ってからオリジナルグッズの販売を始めたのだ。当時のファッション・アイコンでもあったマイケル・ジョーダンが「X」のロゴが入った帽子やTシャツを身につけたことで、それを真似する若者が増えていった。

マルコム X ブームは日本にも飛び火し、スパイクの「40エーカーズ・アンド・ア・ミュール・フィルムワークス」事務所を訪れる日本からのファンが後を絶たなかった。スパイクは当時を回想し「日本からもグッズを買いに沢山の人が来た。一度で100〜150万円ほど買ってくれるんだ。随分助かったよ」と話している。日本は当時、バブル景気だったのだ。

日本で『マルコム X』が公開されたのは1993年2月20日。その熱狂ぶりは凄まじかった。日本では、映画公開前には『マルコム X 自伝』は抄訳版しか発売されていなかったが、完訳版が映画公開の1日前から販売。私が持っている資料では、1993年2月から4月に発売されたマルコム X 関連本は、9冊もある。『STUDIO VOICE』が特集を組み、宝島社からは『黒人学・入門』という本も出たのがこの頃である。そして渋谷のパルコでは「マルコム X 展」が開催されていた。

話を映画そのものに戻そう。評価は賛否両論で、評論家のスタンリー・クラウチは「自伝本にあった素晴らしい瞬間が、映画にはなかった」と批評した。そして、一時は『マルコムX』の脚本を任され、『Death of a Prophet』にも出演していたアミリ・バラカが「スパイクみたいなバッピーには、正確なマルコムXは描けない」と批判したことから、壮絶な批判合戦が巻き起こった。当時のスパイクは、アミリ・バラカの娘で劇作家のリサ・ジョーンズと付き合っていたが、別れる羽目にまでなった。

他の批評家からは好意的で、マルコムX役のデンゼル・ワシントンやアーチー役のデルロイ・リンドーの演技、アーネスト・ディッカーソンの撮影技術に称賛が集まり、ロジャー・エバートは「自伝映画の最高傑作のひとつ」と評している。1993年アカデミー賞にて、デンゼル・ワシントンが主演男優賞、ルース・E・カーターがコスチューム・デザイン賞にノミネートされたが、残念ながら受賞は果たせなかった。映画興行成績も、4800万ドルと当時のスパイク作品の中ではトップ。当時は今より映画館のチケットの値段が安かったため、今のチケット代に換算すると1億ドルを超す売れ行きに相当する成功を収めた。

スパイクの低迷期と新しい挑戦

かなりのエネルギーを注いで制作した『マルコムX』の後、スパイクはしばらく休暇を取った。そして、弟のチンケ・リーや妹のジョイ・リーを共同脚本に迎え、自分たちの幼い頃のブルックリンでの思い出をしたためた『クルックリン』（1994年）を発表。今までのような社会問題を観客に突きつけるような作品とは真逆の、ほのぼのしたテイストの作品は批評家からもまずまずの評価を受けたが、興行成績は1300万ドルと不調であった。

続く『クロッカーズ』（1995年）は、リチャード・プライスのベストセラーが原作で話題になったが、こちらも『クルックリン』同様、批評家からはそこそこの評価を受けながらも、興行成績はまたもや1300万ドルとパッとしない成績が続く。

新人女優が生活費のためにテレフォンセックスクラブで働く様子を描いたコメディ『ガール6』（1996年）は、サウンドトラックにプリンスを迎え、マドンナやクェンティン・タランティーノがカメオ出演、カンヌ国際映画祭にも久々に出展するなど、話題が先行したが、制作費に1200万ドルを費やしながらも、たった400万ドルしか回収出来ず、スパイク・リー作品の中で最大の失敗となっている。今まで絶大なる評価をくれていたロジャー・エバートすら「不明確なキャラクターに、目的のないストーリー。最悪だ」と酷評している。

続いて休む暇もなく、ルイス・ファラカーン主催のミリオンメン・マーチに参加する人々を追うドラマ『ゲット・オン・ザ・バス』（1996年）を発表。若い参加者と年配の参加者のジェネレーションギャップを描きながら、両者の間を埋めていくストーリーで、こちらは打って変わって批評家から大絶賛された。ロジャー・エバートも「この作品には多くの人の心を捉える強いメッセージがある」と満点の評価をしている。

そして、スパイクは初めて長編ドキュメンタリーを制作する。60年代の公民権運動中に、アラバマ州の教会に爆弾が投げ込まれ4人の少女が死亡した事件を追う『4 Little Girls』（1997年／日本未公開）。スパイクは彼女たちの両親や知人など被害者側だけでなく、差別をしていた側の人々にもインタビューし、カメラを向けた。この作品で、スパイクはアカデミー賞のドキュメンタリー長編部門にノミネートされている。

続いて、再びデンゼル・ワシントンとタッグを組んで、大学バスケットボールの裏側に迫った『ラストゲーム』（1998年）を手掛けた。ワシントンだけでなく、『ドゥ・ザ・ライト・シング』では音楽で最高のアシストをしたパブリック・エナミーも参加している。NBA選手レイ・アレンが主役を演じたことも話題になった。

スパイクが90年代のキャリアを締めくくる作品として選んだのが『サマー・オブ・サム』（1999年）だ。70年代にニューヨークを恐怖に陥れた連続殺人事件「サムの息子」を背景に、事件に翻弄される人々を描いた作品である。スパイクにとっては、初めての黒人がテーマでない作品となった。エンターテインメント・ウィークリーのリサ・シュワルツバウムは、「この事件や一連の出来事に、スパイクは興味がないように見える」と酷評しているが、ヴァラエティ誌のトッド・マッカーシーは「マーティン・スコセッシのテリトリーにスパイクが接近した作品」と絶賛しており、評価は分かれている。

自身の映画が思うように評価されず、あまり話題にならなくなると、スパイクは新しいことを始める。監督ではなく、プロデューサーとしての活動を活発化させたのだ。手始めに、デヴィッド・C・ジョンソン監督の『ドロップ・スクワッド』（1994年）の制作総指揮を担当する。白人やメディアに洗脳された黒人を監禁し、過激に洗脳を解くという、ユニークなインディペンデンス映画だった。映画自体は単館上映だったので、興行成績は有名作に遠く及ばなかったが、スパイクのネームバリューでこの映画の知名度は高く、今でもSNSなどで、「白人に洗脳されたであろう黒人」をやり玉にあげる時、この映画のタイトルが出てくるほどだ。

そして、ニック・ゴメス監督のニュージャージー州の車窃盗を描いたクライムストーリー『ニュージャージー・ドライブ』（1995年）の制作総指揮を担当。続いて、ホラー映画のオムニバスTVシリーズ『ハリウッド・ナイトメア』[*5]（1989〜1996年）の黒人版『Tales from the Hood』（1995年／日本未公開）にも参加。こちらは1100万ドルを稼いだ。そして、『マルコムX』ではスパイクのアシスタントもしていたマルコム・D・リー監督・脚本作『ベストマン』（1999年）の制作を手掛ける。結婚式を控えた男女8人の群像劇である。有名になる前のテレンス・ハワードや、『LOST』（2004〜2010年）出演前のハロルド・ペリノーなどの若手俳優が出演し、公開第1週目は興行成績1位を獲得し、トータルで3400万ドルも稼ぎ出した人気作品である。その14年後に続編『最高の贈りもの』（2013年）が制作され、こちらは7000万ドルも稼ぎ出している。続編『最高の贈りもの』以外の4作品全てが、スパイクの会社、40エーカーズ・アンド・ア・ミュール制作である。

こうしてスパイクが90年代に始めたことが、後々大きく花開き、またブラックムービーの歴史となっていく……。それについては後述するとしよう。

＊1：スパイクは『ジャングル・フィーバー』の冒頭で彼の写真と共に追悼している。トゥパック・シャクールもラップ"Tearz Of A Clown"でホーキンスを追悼している。

＊2：1887年ジャマイカ生まれ。青年期にアメリカに渡り、貿易で成功したのち、アフリカ回帰の活動家となる。世界黒人開発協会アフリカ会連合（UNIA-ACL）設立。ラスタファリ運動にも影響を及ぼした人物。マルコムXの両親は、UNIA-ACLの地方支社のリーダー的存在だった。

＊3：1970年にニューヨークのマンハッタンでウッディ・キング・ジュニアが設立。過去にはデンゼル・ワシントン、モーガン・フリーマン、サミュエル・L・ジャクソン、ローレンス・フィッシュバーン、チャドウィック・ボーズマンなどがこの劇団の舞台に立っている。俳優だけでなく、ノトザケ・シャンゲやアミリ・バラカ、女優ルビー・ディなどの劇作家も育てた。ニグロ・アンサンブル・カンパニーと並ぶ、長い歴史のある老舗黒人劇団。ちなみにスパイク・リーが『モ・ベター・ブルース』にデンゼル・ワシントンをキャスティングするきっかけとなったワシントン出演の『Checkmates』の舞台の制作はニュー・フェデラル・シアターが担当し、監督もウッディ・キング・ジュニア。

＊4：40エーカーとラバ1頭の意。南北戦争時に、戦争後には奴隷解放されるであろう黒人たちに、補償として40エーカーとラバ1頭を与えると約束したと言われている。しかし実際には、黒人にそれらが与えられることはなかった。

＊5：原題は『Tales from the Crypt』。ウォルター・ヒル、ロバート・ゼメキス、リチャード・ドナーなどの錚々たる制作陣に加え、マイケル・J・フォックスやアーノルド・シュワルツェネッガーなどの俳優が監督に挑戦していたりもする。

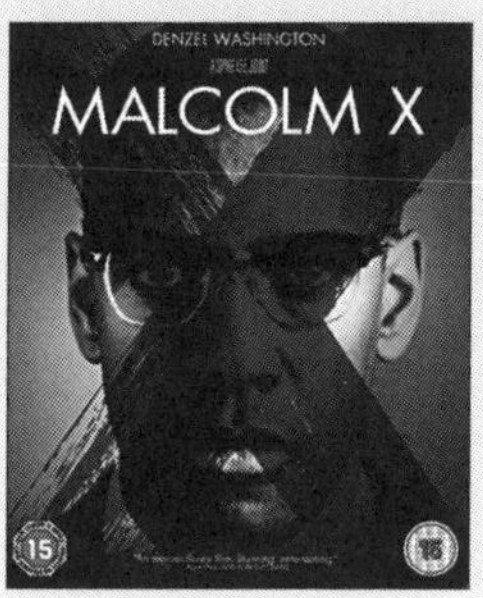

Malcolm X
マルコムX

1992

社会現象となった「マルコムXブーム」を生むきっかけとなった作品。マルコムを演じるデンゼル・ワシントンは、魂が身体に宿っているかのような素晴らしい演技を見せている。マルコムに実際に会った人が皆口を揃えて言う「彼はしとやかな人だった」という繊細な大人の魅力も見事に表現していた。本作の公開後にマルコム関連の書籍が多く出版され、彼についての正しい知識を得た人々が沢山生まれた。本作を公開にこぎつけたスパイク・リーの努力は、マルコムの言葉「By Any Means Necessary（必要ならば何としてでも）」を体現している。

監督●スパイク・リー
脚本●アーノルド・パール、スパイク・リー
出演●デンゼル・ワシントン、アンジェラ・バセット、アルバート・ホール

90年代のスーパースター

黒人女優の道しるべとなったウーピー・ゴールドバーグ

「スーパースターの定義」を今風に考えるならば、「Googleでその人の名前を検索したら、同姓同名の人が沢山いるにもかかわらず、その人の情報ばかりが出てくるような人物」のことだろう。例えば、ウィル・スミス。アメリカには信じられない数の同姓同名のウィル・スミス氏が存在しているはずだが（実際に同姓同名の有名なNFL選手がいる）、Googleで検索した際に出てくるのは、やっぱり誰もが思い浮かべる『インデペンデンス・デイ』（1996年）のあの人である。

もちろん90年代以前にも、スーパースターはいた。80年代のエディ・マーフィー、50年代のシドニー・ポワチエ、30年代のポール・ロブソン……などなど。ブラックムービー・ブームの

90年代は、映画の数が増えた分、スーパースターの数も増えたのだった。

90年代に入る前から活躍していたのが、ウーピー・ゴールドバーグだ。『カラーパープル』（1985年）で映画デビューにして主演を務め、しかもいきなりアカデミー主演女優賞にノミネートされたという、シンデレラ級に運の強い女性である。ゴールドバーグは、90年代に入ると『ゴースト／ニューヨークの幻』（1990年）でアカデミー助演女優賞を受賞。元々『カラーパープル』の活躍で、主演・助演作共に好調だったゴールドバーグだが、アカデミー賞を受賞してからは役の幅を広げ、破竹の勢いとなる。『ロング・ウォーク・ホーム』（1990年）では、キング牧師が先導したアラバマ州モントゴメリーのバスボイコットを背景に、架空の黒人メイドと白人女性の物語が繰り広げられる社会派映画の主役を務めた。

そして90年代のゴールドバーグと言えば、日本で知名度も人気も高い『天使にラブ・ソングを…』（1992年）だろう。クラブシンガーが、ギャングから逃れるために修道院で尼に化けてしまう……このプロットだけで十分に面白い。元々、スタンダップコメディという漫談をやっていたゴールドバーグの持ち味を最大限に生かした傑作コメディだ。この作品で、ゴールドバーグが輝かないはずがなかった。1作目の高評価を受けて、続編の『天使にラブ・ソングを2』（1993年）もすぐに制作された。こちらは、『プレデター』（1987年）などで俳優も務めるビル・デューク監督作品で、まだ歌手デビュー前のローリン・ヒルが高校生役で出演して歌っているのが実に初々しくてチャーミングである。また歌手・ソングライターとして活躍するライアン・トビーも生徒の1人を演じているなど、多くの若手スター輩出にゴールドバーグのスター・パワーがひと役かっている。

『天使にラブソングを…』以外にも90年代のゴールドバーグの活躍は多岐にわたり、TVシリーズ『新スタートレック』（1987～1994年）のガイナン役、『ライオン・キング』（1994年）の悪役的なハイエナの声、どれも楽しく印象的だったが、『ゴースト・オブ・ミシシッピー』（1996年）のしっとりとした演技も忘れられない。この作品では、公民権運動時に人種差別者に暗殺された実在の活動家メドガー・エバースの妻を演じている。

長い間主演として認められなかったハリウッドの黒人女優たちにとって、ゴールドバーグがコメディエンヌと実力派女優の両方の才能を発揮し、スーパースターとして活躍する姿は、まさに夢や希望であり、それが彼女たちの道しるべとなった。

スパイク・リー監督作が生んだスターたち

90年代といえば、スパイク・リーの下で成長した役者たちの活躍も著しい。『モ・ベター・

ブルース』（1990年）や『マルコムX』（1992年）で主演俳優に成長したデンゼル・ワシントン、『モ・ベター・ブルース』ではワシントンの助演だったが『ジャングル・フィーバー』（1991年）で主役に抜擢されたウェズリー・スナイプス、その『ジャングル・フィーバー』の熱演がようやく世間に認められたサミュエル・L・ジャクソン……皆、スパイク・リーによって才能を開花させられたスーパースターだ。

『マルコムX』後のデンゼル・ワシントンは、多くのスーパースターや有名監督との共演を果たした。ジョナサン・デミ監督作『フィラデルフィア』（1993年）ではトム・ハンクス、アラン・J・パクラ監督作『ペリカン文書』（1993年）ではジュリア・ロバーツ、トニー・スコット監督作『クリムゾン・タイド』（1995年）ではジーン・ハックマン。多くの有名スターと積極的に共演し、俳優として演技の幅を広げていった。しかし、『マルコムX』以降はいわゆるブラックムービーとは距離を置いていたのかあまりそれらしい作品には出演していないが、カール・フランクリン監督作『青いドレスの女』（1995年）は圧巻だった。黒人文豪ウォルター・モズリイの小説『ブルー・ドレスの女』を映画化した作品で、当時アラフォーとなっていたワシントンの大人の魅力を最大限に生かすことが出来たのはカール・フランクリン監督だけであろう。この作品ではドン・チードルが最高な悪役を演じており、それを間近で見ていたワシントンは嫉妬したという。なぜならこの頃のワシントンは善良な役ばかりを与えられていたからだった。いつか悪役を演じたい……そう思い続けた結果が、『トレーニング・デイ』（2001年）でのアカデミー主演男優賞に繋がっている。アカデミー主演男優賞にノミネートされ、ゴールデングローブ主演男優賞を獲得した『ザ・ハリケーン』（1999年）では、ノーマン・ジュイソン監督の下で、実在するボクサーのルービン・〝ハリケーン〟・カーターを熱演した。

ウェズリー・スナイプスは、今でこそ肉体派俳優であるが、90年代の彼の活躍はアクション映画からコメディにシリアスなドラマ作品と幅広いものであった。何と言っても『ニュー・ジャック・シティ』（1991年）のニノ・ブラウン役が印象的である。実在するニューヨークの麻薬取引の大物ニッキー・バーンズを思わせる、ふてぶてしさと派手さの同居する演技がこの映画をさらに面白くした。

そしてストリートバスケットボールを描いた『ハード・プレイ』（1992年）ではそれまでに幾度も共演し、デビュー作まで一緒のウディ・ハレルソンとの最強コンビを見せつけてくれている。一方で、『ウォーターダンス』（1992年）という下半身不随になった人々の交流を描くヒューマンドラマ・タッチな作品にも出演しており、肉体派のスナイプスしか知らない人々がこの作品を観たら、彼の演技力に随分と驚くはずだ。

その後も、『ライジング・サン』（1993年）ではショーン・コネリー、『デモリションマン』

（1993年）ではシルヴェスター・スタローン、『ザ・ファン』（1996年）ではロバート・デ・ニーロと、スーパースターとの共演が続いた。かと思えば『3人のエンジェル』（1995年）では、ド迫力でパンチの利いた女装姿を披露したりと、90年代のスナイプスは様々な役どころに挑戦していた。90年後期には、アクション映画にシフトチェンジ。そして90年代のスナイプスと言えば、何と言っても『ブレイド』（1998年）であるが、これはまた別の項でじっくりと紹介したい。

サミュエル・L・ジャクソンは、先述の2人に比べて下積み時代が長い。80年代は『星の王子ニューヨークへ行く』（1988年）の強盗役に代表されるような、チョイ役を演じてきた。スパイク・リーの作品は毎年夏に撮影されているが、『スクール・デイズ』（1988年）でも主人公にちょっかいを出す地元の男という『星の王子……』の強盗役とあまり変わらない役から、ずっとスパイク作品には参加している。『ドゥ・ザ・ライト・シング』（1989年）でDJ役、そして『ジャングル・フィーバー』（1991年）の演技によってカンヌ国際映画祭で賞を獲得し、ようやく世間に認められるようになった。

他の俳優とジャクソンが決定的に違うのは、他の俳優は人気が出たらブラックムービーとは距離を取るが、彼は違うということだ。『ジュース』（1992年）ではゲームセンターのような場所のオーナーを演じ、『メナースⅡソサエティ』（1993年）では主人公の父で麻薬密売人の役、『フレッシュ』（1994年）では主人公の父でアルコール中毒ながらチェスを通じて息子と交流しようとする男を熱演。ブレイクした後も90年代の重要なブラックムービーに出演し、貢献している。しかし、やはり『パルプ・フィクション』（1994年）での強烈な演技が、今のジャクソンの輝かしいキャリアの礎になったことは誰も否定しないであろう。

変幻自在の男、エディ・マーフィー

80年代からスーパースターだったエディ・マーフィーは、90年代にシフトチェンジを繰り返す。『48時間PART2／帰ってきたふたり』（1990年）や『ビバリーヒルズ・コップ3』（1994年）など、自身のヒットシリーズに参加しつつ、80年代後半のロマンチックコメディの主演というシフトチェンジをそのまま引き継いだ『ブーメラン』（1992年）にも出演。『ハウス・パーティ』（1990年）のレジナルド・ハドリン監督のロマンチックコメディで、ハル・ベリーがヒロイン。興行成績も7000万ドルと、ロマンチックコメディにしては大ヒットとなっている。『ヴァンパイア・イン・ブルックリン』（1995年）では、ホラー映画の鬼才ウェス・クレイヴンと組み、アンジェラ・バセット相手にバンパイア物語を繰り広げたが、収益は1900万ドルと、マーフィーにしては少ない数字で終わってしまった。そして、マーフィーはまたシフトチェンジする。ジェリー・ルイスの『底抜け大学教授』（1963年）を

『ナッティ・プロフェッサー／クランプ教授の場合』（1996年）としてリメイクしたのだ。それまでにも『星の王子ニューヨークへ行く』などで特殊メイクを使っていたが、この作品ではその路線をさらに本格的した。1人で何役もこなしたマーフィーの努力の甲斐あってか、1億2800万ドルを稼ぐ大ヒットとなり、マーフィーの代表作のひとつになった。『ナッティ・プロフェッサー2／クランプ家の面々』（2000年）という続編も作られ、そちらも1億2300万ドルと大ヒットした。

リメイク作品のヒットに味を占めたマーフィーは、『ドリトル先生不思議な旅』（1967年）を子供も楽しめるファミリー映画『ドクター・ドリトル』（1998年）としてリメイクして、1億4400万ドルの大ヒットを叩き出した。続編『ドクター・ドリトル2』（2001年）も作られた。『3』以降は、マーフィーは出演せず、娘役のマヤ・ドリトル（カイラ・プラット）がシリーズを引き継ぎ、最終的には5作品も作られる人気シリーズとなった。

個人的には、マーティン・ローレンスと共演した『エディ&マーティンの逃走人生』（1999年）が忘れられない。冤罪で65年も監獄暮らしをした2人を描いたコメディだが、マーフィーがふと見せたシリアスな演技は、あの『ドリームガールズ』（2006年）での好演を予感させるものであった。

マーフィーは、お得意の特殊メイクのように、キャリアを自由自在に変化させ、ドル箱スーパースターとしての地位を守り抜いていた。

フレッシュ・プリンスことウィル・スミス

90年代が生んだ最大のスーパースターと言えば、間違いなくウィル・スミスであろう。彼は元々、ラップ・デュオのDJ・ジャジー・ジェフ&ザ・フレッシュ・プリンスの「フレッシュ・プリンス」として、1989年に開催された第31回グラミーのベスト・ラップ・パフォーマンス賞の初代受賞者[*1]として非常に有名だった。そんなスミスは、大御所ミュージシャンのクインシー・ジョーンズに呼ばれ、TVシリーズ『The Fresh Prince of Bel-Air』（1990~1996年）のオーディションを受けたのだった[*2]。このシリーズで役者としての才能を開花させ、『ハートブレイク・タウン』（1991年）という青春映画で車いすの青年を演じ、スクリーンデビュー。『メイド・イン・アメリカ』（1993年）では、ウーピー・ゴールドバーグの娘役の恋人役を演じ、サウンドトラックにも参加している。『私に近い6人の他人』（1993年）でも、ドナルド・サザーランドやイアン・マッケランという渋い名優と共演し、シドニー・ポワチエの息子だと偽る青年をシリアスに演じた。

スミスの人気を不動のものにしたのは、爆発王マイケル・ベイ監督作『バッドボーイズ』

（1995年）である。マーティン・ローレンスとダブル主演だった『バッドボーイズ』はマイアミを舞台に若い刑事2人の活躍を軽快に描いた作品で、彼の魅力が余すところなく発揮された。

『バッドボーイズ』を機に、スミスは主演男優としての階段を駆け上り、遂に掴んだのがローランド・エメリッヒ監督のブロックバスター作品『インデペンデンス・デイ』（1996年）の主演である。ウィルは宇宙から地球を侵略するためにやってきたエイリアンから人類を守る等身大のヒーローを熱演。この映画をきっかけに、彼はラッパー「フレッシュ・プリンス」から完全にハリウッドスター「ウィル・スミス」となり、Googleでウィル・スミスと検索すれば間違いなく彼の情報が出てくるようになったと言っても過言ではない。

90年代のウィル・スミスは、『メン・イン・ブラック』（1997年）、『エネミー・オブ・アメリカ』（1998年）、『ワイルド・ワイルド・ウエスト』（1999年）と、エイリアン・国家組織を操る悪代官・南軍の悪漢……などなど、色々な相手と戦いまくり、何度も地球を平和にしてくれた。

音楽やスポーツの世界からハリウッドへ

ラッパーから俳優という転身を華麗に成功させた人物といえば、アイス・Tとアイス・キューブという2大アイスだろう。アイス・Tは、『ニュー・ジャック・シティ』(1991年)のウェズリー・スナイプスを追い詰めるニューヨークの刑事役が印象的だ。アイス・キューブはもちろん『ボーイズン・ザ・フッド』(1991年)でのドウボーイ役である。

そんな2人が共演した、アクション・サスペンス『トレスパス』(1992年)は個人的にオススメの1本だ。ウォルター・ヒル監督らしい観客を追いつめていくサスペンス劇で、以前の時代なら確実に黒人の方が弱く追い詰められる立場だったであろう物語が、ギャングのボスを演じたアイス・Tと、その手下のアイス・キューブが、ジワジワと白人の主人公を追い詰めていくのが面白く、『バック・トゥ・ザ・フューチャー』(1985年)のロバート・ゼメキスの脚本の上手さが光った。

80年代からの絶対的歌姫ホイットニー・ヒューストンやジャネット・ジャクソンの活躍も忘れてはならないが、この2人の活躍については次項で紹介しよう。

ホイットニー・ヒューストンやジャネット・ジャクソンのように、本業であまりにも人気者になり過ぎて、映画界にも進出した人と言えば、「バスケットボールの神」とまで言われているマイケル・ジョーダンだ。彼が映画の世界でも意外と重要な神アシストをしていることは、

1章目のスパイク・リーの項でも書いた通りだが、映画やTVCMなど映像の世界でもジョーダンは天才だった。大手ワーナー・ブラザーズ社の人気アニメシリーズの『ルーニー・テューンズ』のキャラクターとジョーダンが共演した『スペース・ジャム』（1996年）は印象的な作品だ。アニメのスーパースターたちと、実写のNBAスーパースターの共演は、多くの話題をさらった。サウンドトラックも人気で、今でもNBAの会場ではテーマ曲の「スペース・ジャム」が流れる。そして、NBAに新しいスーパースターが誕生する度に、この『スペース・ジャム』をリメイクするという噂が流れ、私を含むNBAや映画ファンを振り回している。残念なのは、現時点でマイケル・ジョーダンの映画出演は『スペース・ジャム』だけだという点だ。

NBAから飛び出した映画俳優といえば、巨体を活かした迫力あるダンクで知られるシャキール・オニールも忘れてはならない。大学バスケットボールの裏側を描いた『ハード・チェック』（1994年）に出演し、その他に『ミラクル・アドベンチャー／カザーン』（1996年）や『スティール』（1997年）への出演など、華々しい活躍をみせている。

『ラッシュアワー』（1998年）のクリス・タッカーの活躍にも触れておこう。ジャッキー・チェンとのコンビネーションが受けて、『ラッシュアワー』は3部作にまでなる人気シリーズとなった。タッカーはアイス・キューブとの『friday』（1995年）やアレン＆アラン・

ヒューズ監督の『ダーク・ストリート／仮面の下の憎しみ』（1995年）などにも出演。そして『フィフス・エレメント』（1997年）や『ジャッキー・ブラウン』（1997年）などでも、主演ではないものの強烈な印象を残している。

このように90年代のブラックムービーは、音楽の世界だけでなく、スポーツの世界にまで及んでスーパースター百花繚乱の様相を呈した。そして、現在もその道は閉ざされていない。

＊1：ただしグラミー賞の授賞式には、ラップ部門がテレビ中継されないことに抗議して、参加していない。
＊2：ウィル・スミスが『The Fresh Prince of Bel-Air』に参加するようになる顛末を、ウィル・スミス本人が自身のYoutubeチャンネル内の『How I Became The Fresh Prince of Bel-Air』にて面白おかしく語っているので、興味がある人は是非チェックしてみて欲しい。 https://www.youtube.com/watch?v=y_WoOYybCro

Sister Act

天使にラブ・ソングを…

1992

品があるようには思えない女性主人公が、マフィアから逃れるために修道院に逃げ込み、いつの間にか溶け込んで、修道院の女性たちを変えていく手助けをし、自らも成長していくというコメディ。主人公を演じたウーピー・ゴールドバーグのハツラツとした姿が印象的で、彼女の当たり役となった。ふくよかなシスターや弱気なシスターに厳しい修道院長など、修道院にいる人々のキャラクターも多彩で、そんな彼女たちが成長していく姿が頼もしく愛おしい。人生観を変えてしまうような名作ではないが、ゴールドバーグらしい、とても心温まる1本だ。

監督●エミール・アルドリーノ
脚本●ポール・ラドニック
出演●ウーピー・ゴールドバーグ、マギー・スミス、キャシー・ナジミー、ウェンディ・マッケナ

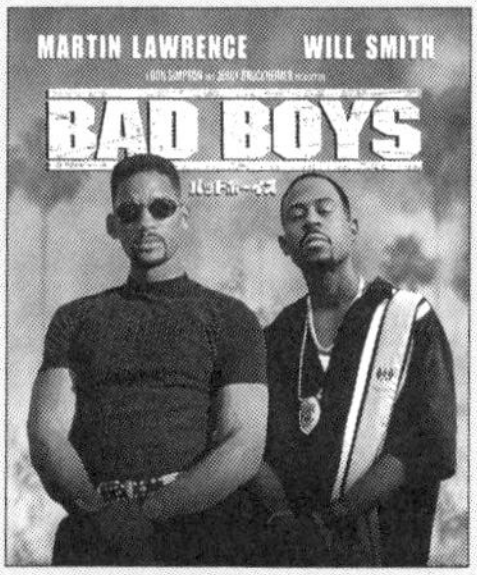

Bad Boys

バッドボーイズ

1995

マーティン・ローレンスとウィル・スミスの軽快な警官コンビがたまらなくカッコいいバディ・ムービー。従来は『リーサル・ウェポン』（1987年）のような白人と黒人のコンビが普通だったが、本作では主役の2人が共に黒人だったのが話題になった。また、ウィルが演じる警官と、白人女優が演じた目撃者が異人種カップルとなったのも、今までにはあまり見かけない展開であった。マーティンは『エディ＆マーティンの逃走人生』（1999年）でエディ・マーフィーともコンビを組んでいるが、いつも共演相手の良さを引き出すコメディアンだと感じさせる。

監督●マイケル・ベイ
脚本●マイケル・バリー、ジム・マルホランド、ダグ・リチャードソン
出演●マーティン・ローレンス、ウィル・スミス、ティア・レオーニ、チェッキー・カリョ

Independence Day
インデペンデンス・デイ

1996

アメリカ人にとって大事な祝日である独立記念日（インデペンデンス・デイ）に地球がエイリアンから襲撃を受けるというSF大作。ウィル・スミスがエイリアンを殴るシーンは何度観ても爽快で、それに付随するセリフに笑ってしまう。ウィルらしいヒロイックなのに軽快でコミカルな持ち味が、ブロックバスター映画に見事にハマった名シーンだ。大統領（ビル・プルマン）のスピーチは、アメリカ人でなくても感動的である。キャラクターが皆ヒロイックであり、誰もが英雄になれる。そんなところがアメリカらしさであり、独立記念日の神髄でもある。

監督●ローランド・エメリッヒ
脚本●ディーン・デヴリン、ローランド・エメリッヒ
出演●ウィル・スミス、ビル・プルマン、ジェフ・ゴールドブラム、ランディ・クエイド

Space Jam
スペース・ジャム

1996

NBAのスーパースター、マイケル・ジョーダンの主演作品。アニメ『ルーニー・テューンズ』のキャラクターがジョーダンを助っ人に引き入れて、悪どい宇宙人とのバスケ対決に臨む。バスケとアニメのスーパースターが共演し、実写とアニメを融合することで素晴らしい化学反応を起こした。ジョーダンを映画にするならば、彼のスーパープレーを編集したドキュメンタリーが妥当であるが、それだけでは子供たちは興味を示さなかっただろう。子供も大人も楽しめる娯楽作に彼のスーパープレーを付け加えたことで、カルト的な人気映画が誕生した。

監督●ジョー・ピトカ
脚本●レオナルド・ベンヴェヌーチ、スティーヴ・ルドニック、ティモシー・ハリス、ハーシェル・ワイングロッド
出演●マイケル・ジョーダン、ウェイン・ナイト、テレサ・ランドル、チャールズ・バークレー

女性たちを描いた作品

自分で行動し、自分で発見すること

70年代のブラックスプロイテーション時代に、パム・グリアという絶対的に強く美しい女性がスクリーンに登場してから、黒人女優たちは継続的に映画の中で活躍してきた。『カラーパープル』（1985年）で注目されたウーピー・ゴールドバーグは主演女優として看板をはってきたし、同じ映画に出演したオプラ・ウィンフリーはテレビ番組で活躍し、視聴率の女王として君臨していた。彼女たちの力強い活躍を見ていると、作家ゾラ・ニール・ハーストンの『彼らの目は神を見ていた』の言葉がいつも私の頭をよぎる。

「物事を知るためには、自分で行動しなきゃいけないのよ。誰も貴方には教えてくれない。人は誰でもふたつのことを自分でしなくちゃいけないのよ。ひとつは死ぬことで、もうひとつは生きていることを自分で発見することよ」

自分で行動し、自分で発見する。90年代はそんな生き方を実践する女性たちが活躍した時代でもあった。90年代になってアメリカの映画業界が明らかに変わったのは、作り手にも女性が進出してきたことだ。80年代にはカリブ海に浮かぶマルティニーク出身のユーザン・パルシーがベルリン国際映画祭で『マルチニックの少年』(1983年)で評価を受けて、大活躍していた。その後、パルシーの後を追うようにアメリカ人女性の活躍が目立ってくる。さらに女性のスーパースターの数が増えたことで、彼女たちの主演映画の数も飛躍的に増え、映画の中で女性たちが描かれることが多くなったのだ。

女性監督の台頭

70年代、UCLAの映画学科には意欲的な黒人学生が集まっており、彼らは「LAの反逆者たち」と呼ばれていた。UCLAの卒業制作として作った『Killer of Sheep』(1978年/日本未公開)がベルリン国際映画祭で国際批評家連盟賞を獲得したチャールズ・バーネット監督を筆頭に、エチオピア出身のハイレ・ゲリマ監督、『暗闇のファイター』(1987年)のジャマー・ファナカ監督などである。その中に、ジュリー・ダッシュという女性がいた。

父親が「ガラ」出身であるダッシュは、自らの出自をテーマにした『自由への旅立ち』（1991年）という映画を作った。ガラとは、西アフリカの伝統を今も伝える人たちのことで、東海岸のサウスカロライナ州とジョージア州沖にある小さな島々からなるシーアイランドに住んでいる。失われつつあるガラの伝統に危機感を感じる女性の物語を、アーサー・ジャファ[*1]という撮影監督が、ノスタルジックで美しい風景と共にフィルムに収めた。この作品は1991年のサンダンス映画祭で撮影賞を受賞して、注目を集めた。最近ではビヨンセがビジュアル・アルバム『Lemonade』（2016年）で、『自由への旅立ち』に大々的にオマージュを捧げたことで再び注目を集め、再評価されている。また、この映画は2004年にはアメリカ国立フィルム登録簿入りも果たしている。

ジュリー・ダッシュ監督の活躍は、多くの女性の作り手たちに扉を開いた。『自由への旅立ち』に続くように、レスリー・ハリス監督の『ブルックリン・ストーリー／旅立ちの17才』（1992年）が、1993年のサンダンス映画祭で特別審査員賞を受賞。ニューヨークのブルックリンで生活する、タフで頭が良く医学の道に進む夢のある17歳の女の子が、思いがけず妊娠してしまうというストーリーだ。

『ドゥ・ザ・ライト・シング』（1989年）でカメラを担当していたダーネル・マーティン監

督は、大手コロンビア・ピクチャーズと共に『ブロンクス・ストリート』（1994年）を制作する。ブロンクスに住むプエルトリコ人夫婦を描いたラブコメディ。大手映画会社が女性監督の作品に門戸を開いたのは、大きな前進であった。

ニーマ・バーネット監督は『Spirit Lost』（1996年／日本未公開）という、新居に引っ越してきた若いカップルが、家に棲みついていた男を誘惑する悪霊により家庭を壊されそうになるというドラマ作品を撮っている。

『羊たちの沈黙』（1991年）などで女優としても活躍していたケイシー・レモンズは、ルイジアナ州のバイユー（アメリカ南部独特のよどんだ小川）側に住むブルジョア家庭の2人の姉妹を通じてクレオール[*2]を描いた『プレイヤー／死の祈り』（1997年）を制作。インディペンデント・スピリット賞をはじめとする賞で数々の賞を受賞した。ロジャー・エバートは1997年のナンバーワン映画にこの作品を選び、「これがアカデミー賞に選ばれなかったら信じられない！」と言って絶賛したが、残念ながらアカデミー賞にはノミネートすら果たせなかった。

歌姫ホイットニー・ヒューストンの映画デビュー

スーパースターの項に書いたウーピー・ゴールドバーグだけでなく、90年代は数多くの女性スーパースターが誕生した。元々、70年代には歌姫ダイアナ・ロスが映画に進出し、『ビリー・ホリデイ物語／奇妙な果実』（1972年）で、アカデミー主演女優賞にノミネートされ、大成功を収めていたが、90年代にも歌姫が次々とスクリーンに挑戦していく。それを代表するのがホイットニー・ヒューストンだ。彼女は80年代に歌手としてデビューし、デビューアルバムが大ヒットしてグラミー賞にノミネート。『ボディガード』（1992年）でスクリーンデビューを飾る。『アンタッチャブル』（1987年）や『ダンス・ウィズ・ウルブズ』（1990年）という話題作で立て続けに主演を務めたケビン・コスナーの相手役に選ばれたのだ。

ヒューストンは実生活と同じく人気のポップ歌手役で、ケビン・コスナーがヒューストンのボディガード役である。いわゆる、白人と黒人という異人種の恋愛にサスペンス要素を加えて描かれた作品だが、人種への偏見といった深刻な問題にはあまり踏み込まず、それが多くの観客に受け入れられたのか、アメリカ本土だけで1億2100万ドル、全世界で4億1100万ドルと大ヒット。しかも、ヒューストンが歌ったテーマ曲「I Will Always Love You」が全米チャート14週1位という快挙を達成する。グラミーのレコード・オブ・ザ・イヤーも獲得した。

勢いに乗るヒューストンが2本目の出演作に選んだのが、人気作家テリー・マクミランの『ため息つかせて』（1995年）だった。4人の女性の友情と彼女たちそれぞれの悩みや問題を描いたドラマ作品である。監督が俳優のフォレスト・ウィッテカーだったのも話題になった。ヒューストンと共演するのが、『マルコムX』（1992年）のアンジェラ・バセット、『アイリスへの手紙』（1990年）のロレッタ・ディヴァイン、『ハーレム・ナイト』（1989年）のレラ・ローション。アンジェラ・バセット演じた女性が、浮気した夫に腹を立てて服などの夫の所有物を車と共に燃やしてしまう場面など、名シーンが盛り沢山で、女性観客から大きな支持を受けた。そして、当然ヒューストンが主題歌「Exhale（Shoop Shoop）」を歌い、こちらもグラミー賞にノミネートされたが、受賞には至らなかった。

そしてこれを機に、テリー・マクミランの原作も売れ、彼女の作品が映画化されるようになった。例えばマクミラン原作の映画にはアンジェラ・バセット主演の『ステラが恋に落ちて』（1998年）や、サナー・レイサン主演の『フェイス・イン・ラブ』（2000年／TV映画）（原作の小説は『えくぼ消さないで』）などがある。

ヒューストンが次に出演した『天使の贈りもの』（1996年）は、ロマンチックコメディにほとんど出演しないデンゼル・ワシントンを引っ張り出して制作された1本だ。存続の危機にある教会の牧師と、その妻（ヒューストン）。ある日、彼女の前に謎の男（ワシントン）が現れるが、なんと彼の正体は天使だった！　というハートウォーミングなストーリー。母がゴスペルシンガーで、小さい頃からゴスペルシンガーとしての下地があるヒューストンと、説教師の父を持つワシントンにはピッタリな作品である。もちろんヒューストンが主題歌を担当し、実の母シシー・ヒューストンとも共演した。

アンジェラ・バセットとハル・ベリー

この時期に主演女優として大きく羽ばたいたのが、『マルコムX』のアンジェラ・バセットと、『ジャングル・フィーバー』（1991年）のハル・ベリーである。両者共にスパイク・リー作品で注目を集めた人だ。

バセットは名門イエール大学の演劇科を卒業したエリート女優。稀代の女性歌手ティナ・ターナーを演じた『TINA ティナ』（1993年）では、迫力あるティナのステージも見事に再現し、ゴールデングローブ賞の主演女優賞を受賞している。アカデミー主演女優賞にもノミネートされ、黒人女優初のオスカー獲得なるかと期待された。他にも『ため息つかせて』や『ヴァンパイア・イン・ブルックリン』（1995年）でのヒロイン役、『ストレンジ・デイズ／1999年12月31日』（1995年）では主演のサポート役、『パンサー』（1995年）では再びマルコムXの妻ベティ・シャバズ役でカメオ出演するなど、様々な作品で活躍した。主演作には『ステラが恋に落ちて』（1998年）がある。ジャマイカに旅行したステラ（バセット）が、自分よりも随分若い現地の男性と恋に落ちて……というラブロマンス作品である。

ハル・ベリーは、ミス・ティーン・オール・アメリカンで優勝し、その後他のミスコンにも出場。高校卒業後に女優を目指してニューヨークへ渡り、TVシリーズなどに出演。スパイク・リーの目に留まり、『ジャングル・フィーバー』で映画デビューした。ミスコン荒らしだったほどの美貌を持ちながら、サミュエル・L・ジャクソン演じる男と麻薬に溺れる女性を熱演。そこからは引く手あまたで、『Strictly Business』（1991年／日本未公開）では主人公に憧れられる女性役、『ラスト・ボーイスカウト』（1991年）ではデイモン・ウェイアンズの恋人役、『ブーメラン』（1992年）ではエディ・マーフィーのヒロインと立て続けに映画に出演した。ベリーの主演女優としての才能が本格的に開花したのは、『クイーン』（1993年／TVミニシリーズ）だろう。これは80年代にお茶の間を席巻した『ルーツ』（1977年）の著者アレックス・ヘイリーが書いた作品で、「女性版『ルーツ』」ともいうべきミニシリーズとなっている。この作品で、ベリーはタイトルの「クイーン」役を演じ、初めて演技でNAACPのイメージ賞を受賞する。

その後、ベリーは『代理人』（1995年）のような代理母を描くシリアスな作品に出演したりしたが、『ビューティフル・ウェディング』（1998年／TV映画）と『アカデミー　栄光と悲劇』（1999年／TV映画）は特に素晴らしかった。『ビューティフル・ウェディング』は、ハーレムルネッサンス時代の黒人作家ドロシー・ウエストの小説を劇作家のリサ・ジョーンズが脚本にした作品で、監督は『Killer of Sheep』のチャールズ・バーネットである。マーサズ・ヴィニヤードを舞台にした黒人上流階級を描いたドラマ作品で、ベリーは自身のアイデンティティと真実の愛を見つける主人公を演じている。『アカデミー　栄光と悲劇』では、19

40年代から50年代に活躍した伝説的な黒人女優ドロシー・ダンドリッジの半生が描かれ、ベリーはダンドリッジを演じている。同じオハイオ州クリーブランド出身のドロシー・ダンドリッジの自伝映画制作に積極的だったベリーは、制作総指揮としてもこの作品に携わった。そしてダンドリッジに関する資料を集めて読んでいくうちに、ダンドリッジと同じ病院で生まれたことを知り、運命的なものを感じたという。本作で彼女の女優としての情熱が実り、TV映画として最高のエミー賞とゴールデングローブ賞にて主演女優賞をW受賞した。

同じ時代に活躍したジャネット・ジャクソンは、子供の頃から人気TVシリーズ『Good Times』（1974〜1979年／日本未放映）や『アーノルド坊やは人気者』（1978〜1986年）などにレギュラー出演しており、演技力に定評があった。そんなジャネットが『ポエティック・ジャスティス』（1993年）で久々に演技を見せてくれたことは、大変な話題になった。

男性監督が描く女性

メジャー映画デビュー作『シーズ・ガッタ・ハヴ・イット』（1986年）もそうだったが、90年代に入ってからもスパイク・リーは女性を主人公にした作品を撮っている。『クルックリン』（1994年）と『ガール6』（1996年）である。男性の黒人監督もそんなスパイクの後を追うように、女性が主人公の作品を手掛けている。

『friday』（1995年）を当てたF・ゲイリー・グレイ監督は、女性4人を主人公にした『SET IT OFF』（1996年）を完成させる。生活に行き詰まった女性4人が強盗を企てるという変わった作品で、しばしば『テルマ&ルイーズ』（1991年）と比較される。批評家からも「エンターテインメント性に優れ、主人公の女性たちに感情移入してしまう」という好評価を受けている。

冒頭で書いたように、70年代のパム・グリアの存在が、黒人女性のイメージを強いものとした。グリアは、ウーマンリブを推奨する雑誌『Ms.』の表紙を飾ることもあった。そのパム・グリアもクエンティン・タランティーノ監督の『ジャッキー・ブラウン』（1997年）によって人気が再浮上した。ブラックスプロイテーションのブームが過ぎ去り、グリアは映画での自分の居場所を模索したが、男性の飾り物にしか過ぎないヒロイン役はグリアには合わなかった。70年代の映画が大好きなタランティーノが、白人女性が主役の原作をわざわざグリアのために書き直して、復活させたのだ。男性と堂々と渡り合うジャッキー・ブラウン（グリア）は、とてもカッコよかった。

才能溢れる女性の作り手たち

1993年、作家のトニ・モリソンがノーベル文学賞を受賞した。これはアメリカ黒人にとって初となるノーベル文学賞の受賞となり、話題となった。モリソンが実話にインスパイアされて書き、1987年に発表してピューリッツァー賞などを受賞したのが『ビラブド』。セス（原作ではセテ）と娘、そしてビラブドと名乗る不思議な女の子の物語だ。当時、TV司会者として絶大なる人気と支持を集めていたオプラ・ウィンフリーが満を持して、主演だけでなく、作品に意見出来る制作者としても参加して制作したのがモリソン原作の『愛されし者』（1998年）である。批評家からは、原作同様に「黒人の癒えぬ傷を感じるエモーショナルな作品だ」と絶賛されたが、3時間弱の長丁場な映画ゆえ、興行成績は制作費8000万ドルの4分の1に近い2200万ドルと振るわなかった。

ホイットニー・ヒューストンの後継者ともいえるのが、17歳でTVシリーズ『モエシャ』（1996~2001年）で人気になったブランディ・ノーウッド（歌手名義はブランディ）だ。ホイットニー・ヒューストンと共演したTV映画『シンデレラ』（1997年・TV映画）はその名の通りおとぎ話のシンデレラをミュージカルにしたディズニー作品で、主役シンデレラを演じた。そしてもう1人の歌姫兼女優の先駆者ダイアナ・ロスとも『ダブル・プラチナ』（1999年・TV映画）で共演している。ブランディは、人気シリーズとなったホラー映画『ラストサマー2』（1998年）にも出演した。

90年代は女性が演技をするだけでなく、女性自身が語り部となり、物語を伝え、そして制作まで手掛けるようになった。まさに女性のパワーを十分に感じることが出来る時代が到来したと言えよう。そう、この項に登場した女性は皆、自分たちで行動し、自分たちで発見し、そして表現した人たちなのだ。

＊1：ハワード大学で「LAの反逆者たち」のハイレ・ゲリマから学ぶ。初の撮影監督作品『自由への旅立ち』がサンダンス映画祭で撮影賞を受賞。これで注目を集め、アーネスト・ディッカーソンを喪ったスパイク・リーに呼ばれて『クルックリン』（1994年）の撮影監督を担当。2016年にはビヨンセの妹ソランジュのミュージックビデオ「Cranes in the Sky」の撮影を担当した。

＊2：この映画ではルイジアナ・クレオールについて描かれている。ルイジアナ州がまだフランス領だった頃から移住していた人々。

Daughters of the Dust
自由への旅立ち
1991

1902年を舞台にガラ人の家族を描いた物語。美しい映像がロマンチックだ。女性監督が女性を語るとフェミニズムが露出し過ぎてしまう時があり、本作でも男性が極端に弱く描かれてしまった。とはいえ、ガラ人の文化に興味を抱かせる魅力を持っている重要な作品であることに変わりはない。役者に当時の言葉を喋らせたりとリアリティにこだわっている割には、貧しいはずの家族が綺麗な洋服を着ていたりするのは、映像美にこだわり過ぎたためかもしれない。しかしその美しさこそがビヨンセなどの女性アーティストを惹きつけたのだろう。

監督●ジュリー・ダッシュ
脚本●ジュリー・ダッシュ
出演●アディサ・アンダーソン、バーバラ・O、シェリル・リン・ブルース、コーラ・リー・デイ

Waiting to Exhale
ため息つかせて
1995

アリゾナ州フェニックスを舞台に、成功した4人の女性たちの悩みや喜びを美しく描き出した作品。時にメロドラマで時に甘美なテリー・マクミランの原作を、4人の才能豊かな女優を起用して圧巻な美景と共に再現している。特にアンジェラ・バセットがホテルや車と服を燃やすシーンは筆舌に尽くしがたい名演技だった。4人それぞれが悩む姿は女性ならばつい感情移入してしまうだろうし、4人が揃った時のリラックスした笑顔は、観客を温かい気持ちにさせてくれる。成長・成功した彼女たちの姿は、90年代の黒人女性の象徴であり、憧れだったのだ。

監督●フォレスト・ウィッテカー
脚本●テリー・マクミラン、ロナルド・バス
出演●ホイットニー・ヒューストン、アンジェラ・バセット、レラ・ローション、ロレッタ・デヴァイン

監督●F・ゲイリー・グレイ
脚本●タカシ・バフォード、ケイト・ラニア
出演●ジェイダ・ピンケット・スミス、クイーン・ラティファ、ビビカ・A・フォックス、キンバリー・エリス

Set It Off

SET IT OFF

1996

『ため息つかせて』と同じく4人の女性が主役で、それぞれ悩みを抱えているが、こちらは行動力があり過ぎで銀行強盗を企てるというクライムストーリーになっている。倫理的には決して同情してはいけないのだが、T・T（キンバリー・エリス）が演じた女性のようにシングルマザーで、子供の面倒を見る人が見つからず仕事に連れて行ってしまって、子供が怪我をしてしまい……という状況は、どうしても同情してしまう。アメリカン・ニューシネマのように、主人公の4人は「応援してはいけないが、つい応援してしまう」アンチ・ヒーローだった。

黒人スーパーヒーロー

黒人のヴァンパイアとスーパーヒーロー

90年代はブラックムービーが豊作であった、そういう時に必ず作られる作品がある。逆に言えば、これらの映画が作られている時代＝ブラックムービー・ブームの時代なのではないかと、私は思っている。

そのひとつがヴァンパイア映画だ。70年のブラックスプロイテーション・ブーム時には、『吸血鬼ブラキュラ』（1972年）が制作された。アフリカからやってきたヴァンパイアのブラキュラが、ドラキュラに棺に閉じ込められて、やがてロサンゼルスにたどり着くというストーリーだ。続編の『吸血鬼ブラキュラの復活』（1973年）には、ブラックスプロイテーションの女王パム・グリアが出演している。黒人監督ビル・ガンによるヴァンパイア映画『ガンジャ&ヘス』（1973年）という芸術的なインディペンデンス作品も存在している。90年代には、エディ・マーフィー主演の『ヴァンパイア・イン・ブルックリン』（1995年）が公開された。

もうひとつ、ヴァンパイア映画と並んでブラックムービー・ブームの到来を知らせてくれるのが、黒人スーパーヒーロー映画である。70年代には、『Abar, the First Black Superman』（1977年／日本未公開）という作品が、超低予算のインディペンデンスながら作られた。ロサンゼルスの高級住宅街に住み、その地下室で研究に没頭する黒人博士は、近所に住む白人住民から壮絶な嫌がらせを受けてしまう。そのニュースを聞いたのが、黒人地区ワッツで活動する過激軍団。彼らは博士を守ろうとした。しかし博士は、日ごろからキング牧師の非暴力運動に傾倒しており、過激軍団とはウマが合うはずがなかった。ある日、軍団のリーダーのエイバーは博士が研究している液体を手に取ってしまう。それをきっかけにエイバーはスーパーパワーを手にいれ、スーパーマンになってしまう！　……というストーリー。繰り返しになるが、本作は低予算であったためにスペシャルエフェクトなどを使わずに作られているので、出来はいまいちであるが、ストーリーは面白い作品だった。タイトルではスーパーマンと謳《うた》っているが、それらしいスーツやケープという衣装もないし、空を飛ぶことも出来ない。黒人初のスーパーマンは、キング牧師の精神にのっとって、非暴力で平和に問題を解決したのだ。

こうして初の黒人スーパーヒーローが1977年に誕生したが、その後が全く続かなかった。ブラックムービーのブームを再び迎えていた90年代には、多くの黒人スーパーヒーロー／アンチヒーローが誕生していった。しかし、90年代が終わってしまうと、また黒人ヒーローは出てこなくなり、映画の主演としてのヒーローの登場は『ブラックパンサー』（2018年）まで待つことになってしまった。

黒人版スーパーマン＆バットマン？

90年代、最初の突破口を開いたのが、『ハリウッド夢工場／オスカーを狙え!!』（1987年）のロバート・タウンゼント監督だった。彼の手で『スーパーヒーロー／メテオマン』（1993年）が完成した。『スーパーヒーロー／メテオマン』は、『スター・ウォーズ』（1977年）のダースベイダーの声でお馴染みのジェームス・アール・ジョーンズなどのベテランから、ルーサー・ヴァンドロスやビッグ・ダディ・ケインなどのミュージシャンを多数ゲストに迎えたSFコメディ作品である。ワシントンDCを舞台に、頼りない学校教師（タウンゼント）が、空から落ちてきた隕石（メテオ）のスーパーパワーで特殊能力を得て、街の悪党である金髪集団ゴールデン・ローズたちと戦うという、スーパーマンに少し似た設定の作品であった。しかし、このメテオマンはスーパーマンに比べるとかなり庶民的で、スーツやケープは母親の手作り。

しかもせっかく空を飛べるのに高所恐怖症で、低空飛行を繰り返す。

そしてこの作品は公開時に、『ブラックパンサー』などで有名なあのマーベル・コミックがこの映画のためにコミック版『メテオマン』を書き下ろし、6巻まで出版されていて、コミックの中ではスパイダーマンと対面している。3000万ドルの制作費ながら、800万ドルの収益と、興行的には失敗した。しかし、ビデオなどのメディアやテレビ放映などでこの作品に親しんだ人々が多くいて、『ブラックパンサー』が公開された時には、メテオマンを懐かしむ声がSNSに多数あがった。

『ブラックパンサー』が公開された時に『メテオマン』と共に名前が挙がったのが、『ブランクマン・フォーエヴァー』（1994年）だ。こちらはロバート・タウンゼント監督と『ハリウッド夢工場』を一緒に作ったキーネン・アイヴォリー・ウェイアンズの弟デイモン・ウェイアンズ（『ハリウッド夢工場』に端役で出演）が制作・主演・脚本の作品である。

この映画のブランクマンというキャラクターは、兄のキーネンが制作のTVバラエティ番組『In Living Color』（1990〜1994年／日本未放映）のハンディキャップマンから派生したキャラクターで、この番組でよくコンビを組んでいて相性が合うデヴィッド・アラン・グリアを兄役に迎えて制作されたコメディ映画である。

『メテオマン』がスーパーマンならば、『ブランクマン・フォーエヴァー』はバットマンが下地になっている。小さい頃からバットマンに憧れている男（ディモン）は、お金もない、女性経験もない、そしてガラクタを集めて使い物にならない武器を作っているようなボンクラだったが、街の悪党に最愛のお婆ちゃんを殺されてしまい、ある日偶然出来た火や刃物を通さないケープを完成させて、ブランクマンとなって悪党に立ち向かうというストーリーである。こちらも790万ドルと興行成績的には失敗したが、『メテオマン』同様にビデオや度重なるTV放映により、カルトクラシックとなっている。大人気とは言い難いが、一部に熱狂的なファンがおり、ゲームウォッチ的な携帯ゲームにまでなっていた。

『Abar, the First Black Superman』がインディペンデンス映画で、かなりのマニアックな作品ゆえ、一般の人々には『メテオマン』と『ブランクマン』が黒人初のスーパーヒーローとして広く伝わっている。そして、いよいよコミックからもスーパーヒーローが誕生する。

コミック原作の黒人ヒーロー

1992年に設立され、マーベル・コミックやDCコミックというコミック界の2大巨頭に肉薄するイメージ・コミックという新興勢力があった。この出版社の創設者の1人、トッド・マクファーレンが設立時に描いた作品が『スポーン』だ。このコミックが大当たりする。19

92年創刊から現在まで続いているこの『スポーン』のコミックは、累計で約1億5000万部を売り上げている。当然、映画化の話が持ち上がり、主役のスポーン／アル・シモンズ役にはマイケル・ジェイ・ホワイトが選ばれた。彼は、ボクシングチャンピオンのマイク・タイソンを描いたTV映画『マイク・タイソン／傷だらけのプライド』（1995年）でタイソン役を演じた肉体派俳優である。監督はマーク・A・Z・ディッペ。このコミックを映画化するのにはかなりの特殊効果が必要だと思われ、『ターミネーター2』（1991年）や『ジュラシック・パーク』（1993年）という作品で特殊効果を担当し高評価を受けた彼が抜擢されたのだ。

『スポーン』の主人公アル・シモンズ（ホワイト）は優秀な軍人だったが、罠に嵌《は》められて命を落としてしまう。しかし悪魔との契約を交わし、ダークなアンチヒーロー「スポーン」となって自分を陥れた敵に復讐していく。本作は、8700万ドルとかなり良い興行成績を残したが、批評家や原作ファンからはウケが良くなかった。「コミックは最高だったが、映画のストーリーはいまいちだった」という意見が多い。コミックでは黒人のキャラだったシモンズの親友役が、映画では白人観客への配慮で白人の俳優に変えられてしまったために「コミック原作の初黒人ヒーロー映画」に水を差してしまったかもしれない。

続いて、マーベルと並ぶコミック界の2大巨頭のひとつであるDCコミックが、ハンマーを持った巨人伝説『スティール』（1997年）を映画化することになった。バスケットボール・

リーグ最高峰NBAのスーパースター、シャキール・オニールが主役を演じた。こちらの主人公も軍人で、武器を開発していたがやはり罠に嵌められ、事故を起こしてしまい除隊する。しかし、軍時代に開発した自分の武器を街の悪党が使っていることを知り、それに対抗するヒーロー「スティール」になっていくというストーリー。

実は、『スポーン』と『スティール』はアメリカでほぼ同時公開と言ってもいい。『スティール』の方が2週間遅れで公開された。シャキール・オニールというNBAスーパースターの知名度を持ってしても映画館に観客を呼ぶことが出来ず、1600万ドルの制作費だったのにもかかわらず、たった170万ドルしか稼ぐことが出来ず沈没した。

マーベルよりも先に黒人が主役のスーパーヒーロー映画を制作したDCコミックは、後にハル・ベリー主演で『キャットウーマン』(2004年)も制作したが、こちらも評価も興行成績も散々で、あれから14年経ったが、未だにDCコミックは黒人が主役の映画の新作を制作していない。先日やっとTVシリーズで『ブラックライトニング』(2018年〜)が登場したところである。

DCコミックから遅れること1年、マーベル・コミックから『ブレイド』(1998年)が誕生した。半ヴァンパイアながら、ヴァンパイア・ハンターとして生きるブレイドの物語。これが他のヒーロー映画の興行成績の失敗を跳ね返すように1億3100万ドルを稼いで大ヒットとなった。続いて『ブレイド2』（2002年）、『ブレイド3』（2004年）と3部作が作られるほどに成功した。しかも『ブレイド2』の監督は、今やアカデミー賞を獲得して、映画監督として確固たる地位を築いたギレルモ・デル・トロが担当している。このシリーズがマーベルにとっての最初の3部作となり、ここからマーベル作品の怒涛の映画化が始まるのだ。そういう意味で『ブレイド』は、マーベルにとっての記念碑的なヒット作品となった。

主演のウェズリー・スナイプスは様々なマーシャルアーツの黒帯を保持する肉体派としても知られている。彼のマーシャルアーツに長けたアクションなしでこの映画のヒットはあり得ず、『ブレイド』は彼の代表作のひとつとなった。

『ブレイド』シリーズの大成功で、多くの人は黒人が主役のスーパーヒーロー映画ブームがやってくるものだと期待していた。しかし、現実は違った。マーベル映画を有名にした黒人ヒーローだったが、その後しばらく、黒人のキャラクターはまた白人ヒーローのサポート役へと甘んじてしまう。2018年、『ブラックパンサー』がその壁をぶち破るまでは……。

Spawn
スポーン

1997

筋骨隆々のアクションスター、マイケル・ジェイ・ホワイトが地獄のヒーロー「スポーン」を演じた本作。権力者によって命を奪われ、地獄に落ち、死後にもその運命を牛耳られてしまうスポーンの境遇は、アメリカの黒人の歴史と重なる。スポーンは地獄と現世の間で苦悩しながら闘うが、実在の黒人ヒーローたちもいつも自分たちの立場に苦悩してきた。キング牧師やマルコムX、オバマ大統領だって、白人社会と黒人社会の狭間で悩んだはずだし、国のために戦うアメリカ軍の黒人兵も例外ではない。この映画からは、そんなヒーローの悲哀が感じられる。

監督●マーク・A・Z・ディッペ
脚本●アラン・B・マッケルロイ、マーク・A・Z・ディッペ
出演●マイケル・ジェイ・ホワイト、ジョン・レグイザモ、マーティン・シーン、テレサ・ランドル

Blade
ブレイド

1998

武道家としても知られる俳優ウェズリー・スナイプスが、主人公のヴァンパイアハンター「ブレイド」を演じている。特筆すべきは、ヴァンパイアと人間のハーフで、ヴァンパイアハンターという複雑な役を見事に表現しているウェズリーの演技だ。セリフは少なめで、淡々とヴァンパイアを斬ることで自らの運命を背負っている姿がとにかくカッコいい。ウェズリーだから表現出来た、絶妙なカッコよさと哀愁である。そしてクライマックスでのブレイドとカレン（ンブッシュ・ライト）のラブシーンは、映画史上もっともロマンチックだと言っても過言ではない。

監督●スティーヴン・ノリントン
脚本●デヴィッド・S・ゴイヤー
出演●ウェズリー・スナイプス、スティーヴン・ドーフ、クリス・クリストファーソン、ンブッシュ・ライト

CHAPTER 3

2000年代

キングコングなんて俺の敵じゃねえ。
どうせ俺が勝つんだ。負けられねえ。
お前が俺に向かって発砲してもな、
俺を殺せやしないんだ。
――アロンゾ・ハリス

King Kong ain't got shit on me. I'm winning anyway.
I can't lose. Yeah, you can shoot me, but you can't kill me.
——***Alonzo Harris***

『トレーニング デイ』(2001年)より

ネオブラックムービーの台頭

伝統を引き継ぎながら現代風に味付けする

第2章で紹介した『Jason's Lyric』（1994年／日本未公開）でサウンドトラックが話題になったと書いたが、その曲の制作を担当したのが、当時は新人だったディアンジェロだ。その後、彼が1995年に発表したアルバム『ブラウン・シュガー』を機に、R&Bでは「ネオソウル」と呼ばれるサウンドが広がり始めた。ネオソウルは70年代から続く過去のソウルミュージックから影響を残しつつ、そこに現代的なテイストを取り入れて新しいサウンドを生み、多くの人に愛された。

音楽の世界から少し遅れて、映画の世界にも「ネオブラックムービー」と呼べる新しい波がやってきた。その新しい形を作ったのが、『ラブ・ジョーンズ』（1997年）と『ソウル・フード』（1997年）という2本である。どちらも公開されたのは90年代だが、この2本がゼロ世代のブラックムービーに多大な影響力を与えたので、本項で紹介したい。

『ラブ・ジョーンズ』は、主役ダリアス（ラレンズ・テイト）とニナ（ニア・ロング）のラブストーリーを中心に他の若者たちの姿も描きつつ、シカゴのアンダーグラウンドなポエトリーの世界を絡め描いた究極のラブストーリーである。これを機に、アンダーグランドだったポエトリー・リーディングの世界が注目を集め、オシャレな若者たちの間で流行した。ブラックカルチャーと切っても切れないのが、口で伝えられる芸術「口承文芸」なのだ。ポエトリー・リーディングやスポークン・ワーズの世界は、黒人にとっては伝統と言ってもいいだろう。ポエトリー・リーディングは詩人が多く居たハーレム・ルネッサンス時代にも盛んだった。スポークン・ワーズはラップへと引き継がれている。そういう過去の影響を残しつつ、新しい形のラブストーリーを描いてみせたのが『ラブ・ジョーンズ』だったのだ。

『ソウル・フード』も同じだ。この映画ではお婆ちゃん（イルマ・P・ホール）が倒れたのをきっかけに自分たち家族を見つめなおす若者たちが描かれている。タイトルの『ソウル・フード』は、黒人が奴隷時代に白人の主人たちが食べないような余り物を工夫して調理した料理のことで、今でも黒人は好んで……そして誇りに思いながら、教会の礼拝終わりの日曜日に家族揃ってソウル・フードを食べるという習慣がある。ジョージ・ティルマン・ジュニア監督は、昔から誇りにしている伝統を、現代的なドラマとして見事に描いた。

このことから、いかに『ラブ・ジョーンズ』と『ソウル・フード』がネオブラックムービーで、ディアンジェロの『ブラウン・シュガー』的なセンスを持つ作品だったかお分かり頂けたと思う。そして両作品共に、90年代の映画でシカゴという大都市を舞台にしていながら、暴力を描いていないという点にも注目したい。さらに登場人物は生活に困窮してもいない。それまで「黒人＝生活困窮者」として描かれ、それがマイナスなステレオタイプを助長していたが、このようなラブストーリーやドラマでは、そうではないということが描かれた。そんな作品が若者を中心に受け入れられたのだ。

同じように『ソウル・メイト』（1999年）もネオブラックムービーな作品だった。これはロサンゼルスのイングルウッドという黒人居住区で育った3人の男性の少年時代と今が描かれたコメディである。監督のリック・ファムイワは両親がナイジェリアからの移民で、本人はイングルウッドで育ち、この映画を制作した当時は名門USC（南カリフォルニア大学）の映画学部を卒業したばかりであった。ファムイワ監督は、「ランDMCを真似るならば、どのメンバーを選ぶか」という黒人ならではのセリフを入れたり、あるある青春エピソードを交えたりして、3人が共に成長していく様子を愛情を込めて描いた。公開時に20代・30代だった観客にとっては実にノスタルジックな作品だ。

明るい青春コメディ映画

この時代は、暴力的でない明るい青春コメディが沢山生まれた。例えばデヴィット・レイナー監督の『トリップ』（1999年）は、どこにでもいそうな高校生（ディオン・リッチモンド）が主人公だ。白昼夢で「トリップ」しがちな彼は、高校のプロム（卒業パーティー）に憧れの女性を誘うも玉砕してしまう。そんな高校生が白昼夢でのトリップを止めて本気出したら……という様子を描いたコメディである。ロサンゼルスが舞台だが暴力描写はなく、ジョン・ヒューズの『すてきな片想い』（1984年）すら思い出させる楽しい青春コメディに仕上がっている。

同じくレイナー監督の『学園天国』（2000年）は、ゼロ年代に新しい風を送り込んだ1本だ。この青春コメディには、ジェームス・フランコやシェーン・ウェストという白人の若手俳優が出演し、彼らをスターへと押し上げた。これまでにも、フォレスト・ウィッテカー監督の『微笑みをもう一度』（1998年）やスパイク・リー監督の『サマー・オブ・サム』（1999年）などの黒人監督による非ブラックムービーは存在していた。しかしスパイクもウィッテカーも、監督・俳優として確固たる地位を築いてからこれらの作品を制作している。デヴィット・レイナー監督は少し違った。『学園天国』を制作した当時の彼はまだ駆け出しの監督だったが、『トリップ』での手腕が評価されて『学園天国』の監督を任されたのだ。今やオスカー俳優となったジェームス・フランコを黒人監督がスターにした……そこが新しい時代を感じさせる。

ジーナ・プリンス＝バイスウッドの『ワン・オン・ワン　ファイナル・ゲーム』（2000年）は、最もこの時代を反映した作品だといえる。ロサンゼルスに、「黒人にとってのビバリーヒルズ」と呼ばれているボールドウィン・ヒルズがある。ここは悪名高いクレンショウ地区のすぐそばなのだが、裕福な黒人たちの居住区になっている。そこに住む11歳の少年Q。父がNBA選手なので、彼の家庭は生活に余裕がある。その隣に引っ越してきたのが、同い年の少女モニカ。2人ともバスケットボールをしていて、仲を深めていく。高校生になる頃に真剣な交際に発展していく。本作はそんな2人を追ったラブストーリーである。

隣に住んでいる幼馴染と恋愛に発展……という、日本のマンガではありがちなストーリーだが、これが黒人の若者に非常にウケた。黒人観客向けTV局「ブラック・エンターテインメント・テレビジョン（BET）」が2005年に放送した「ここ25年のベスト映画25本」では、なんと『ボーイズン・ザ・フッド』（9位）や『ドゥ・ザ・ライト・シング』（10位）という名作を抑え、『ワン・オン・ワン　ファイナル・ゲーム』が堂々の第3位に選ばれている。*1

貧困や暴力というステレオタイプの払拭

2000年以降は、どんどんネオブラックムービーが増えてくる。『ソウル・メイト』のリック・ファムイワ監督による『ブラウン・シュガー』（2002年）や、『トリップ』の脚本家ゲイリー・ハードウィックが初監督に挑んだ『The Brothers』（2001年／日本未公開）などがその筆頭だ。

そんな中、CMやミュージックビデオの監督から映画監督へと華麗な転身を遂げたのがチャールズ・ストーン3世だ。1999年12月から放送開始されたバドワイザーのCM「ワッツアップ」は、出演者がただただ「ワッツアップ」と繰り返すだけだったが、これが爆発的な人気となり、映画やテレビなどでモノマネされ続けた。[*2] このCMを監督したチャールズ・ストーン3世は一気に注目を集めたのだ。

彼に巡ってきた話が『ドラムライン』（2002年）という映画の監督だった。ニューヨークに住む高校生がマーチングバンドで頭角を現し、アトランタにある架空の大学にスカウトされ特待生で大学に進学し、厳しい訓練と慣れない場所での生活に苦悩しながら成長していくドラマ作品で、TLCなどのヒットで知られていた音楽プロデューサーのダラス・オースティンの半自伝的な物語であった。主演は既にコメディアンとして活躍していた当時22歳のニック・キャノン。彼のスター性や、その後スターダムを駆け上がっていくゾーイ・サルダナのキラキラした美しさが相まって本作はティーンの間でヒットし、日本でも劇場公開された。

音楽のネオソウル同様、ネオブラックムービーも社会的に成功し、オシャレを楽しむ意識高い系の若者を中心に受け入れられた。ネオブラックムービーは当時の世相を反映していただけでなく、そこには90年代のブラックムービーが持っていた暴力的なイメージをどうにか払拭したいという気持ちも込められていたのではないだろうかと、私は考えている。この時期に作られた映画からは、暴力や貧困といったステレオタイプのイメージとかけ離れていたいという思いを感じる。黒人の中にも、当然多様性はある。ステレオタイプにとらわれない、個性を尊重した考え方を促す作品を作ろうとしていたのが、00年代ブラックムービーの特徴とも言えるだろう。

＊1：BETが選んだ「ここ25年のベスト映画25本」。ちなみに1位は『マルコムX』（1992年）で2位は『カラーパープル』（1985年）。『ラブ・ジョーンズ』が8位、『ソウル・フード』が11位。詳細は筆者のホームページ（http://www.blackmovie-jp.com/rank/bet25.html）を参照して欲しい。

＊2：バドワイザーの「ワッツアップ」CMをモノマネした映画のひとつがウェイアンズ家族の『最終絶叫計画』（2000年）だ。

Love & Basketball
ワン・オン・ワン　ファイナル・ゲーム

2000

バスケットボールを愛するティーンエイジャーの男女を描いた青春映画。主役の2人がバスケットにも恋愛にも一生懸命だからこそ、バスケットが恋の障害になったり、反対に恋がバスケットの障害になったりする。初恋は、多くの人にとって成し遂げられないものである。だからこそ観客は彼らのひたむきな姿に胸が締め付けられる。ロサンゼルスのボールドウィン・ヒルズが舞台になっているのも面白い。「黒人にとってのビバリーヒルズ」とも言われているこの場所で、黒人がステレオタイプ化されずに、有りのままの姿で生き生きと描かれているのだ。

監督●ジーナ・プリンス＝バイスウッド
脚本●ジーナ・プリンス＝バイスウッド
出演●オマー・エプス、サナー・レイサン、デニス・ヘイスバート、ハリー・J.レニックス

アカデミー賞への長い道のり

24年間の空白

個性が溢れる作品が続出した90年代に比べ、ゼロ年代に入ってからのブラックムービーは、ネオブラックムービー以外にこれと言った特徴や個性が薄れていってしまう。その中で一番の変化を見せたのが、黒人映画の作り手にとっては鬼門だったアカデミー賞だろう。

黒人とアカデミー賞の相性は非常に悪い。人種差別や偏見が幅を利かすアメリカの実社会であるが、映画界も例外ではなかったのだ。黒人として初めてアカデミー賞に輝いたのは、『風と共に去りぬ』（１９３９年）で助演女優賞を獲得したハティ・マクダニエルであることは有名だ。しかし授賞式の際、彼女は他の出演者たちと同じ席につけず（当時は映画毎にテーブルと席があった）、出口近くのテーブルにポツンと座らされた。そしてプレゼンターの白人女優よりもかなり短めに受賞のスピーチを済ませ、涙を拭いながら足早にステージを去った。

1948年、アカデミー協会はディズニー映画『南部の唄』（1946年）に出演していたジェームス・バスケットに名誉賞を与えたが、次の黒人としてのアカデミー賞受賞者が出るのは1964年まで待たなければならなかった。『野のユリ』（1963年）でシドニー・ポワチエが主演男優賞に輝くまで、マクダニエルの助演女優賞受賞から24年間もの空白がある。その間にノミネートされた黒人の数は、たったの4人。[*1] もちろんその当時の年間ブラックムービー作品数は10本を切っており、圧倒的に数が少ないのもあったが、それでも4人は少ない。昔からリベラルと言われる映画界でもそんな状況だったのだ。

そんな映画界やアカデミー賞を変えたのも、やはり50年代半ばから始まった公民権運動だろう。公民権運動の布石となった「教育での人種隔離は違法」という「ブラウン対教育委員会裁判」の判決は1954年に出た。そしてキング牧師が登場した「モントゴメリーのバスボイコット」は1955年から。1941年〜1963年にノミネートされた数は計4人と書いたが、そのうちの3人は1954年以降にノミネートされている。そして、シドニー・ポワチエがようやく主演男優賞を獲得した1964年、その3カ月後に「1964年公民権法」にリンドン・ジョンソン大統領が署名をした。1964年公民権法により、教育の場だけではなく職場などのあらゆる場所での人種差別が禁止となった。これは公民権運動にとって重要な法案なのだ。しかもこの法案の会議の時に、キング牧師とマルコムXは最初で最後の対面を果たしている。これが実現したのは、ポワチエが主演男優賞を獲得するたった3週間前のこと。ポワチエは授賞式のスピーチで感極まった表情で言葉を選びながらこう言った。「なぜならこの瞬間まで長い長い旅だったもので……これはとてもとても特別な瞬間なのです。ありがとうございます」

アカデミー賞への突破口

黒人の作り手にとって、長い長い旅となったアカデミー賞。しかしシドニー・ポワチエの受賞によってすぐに状況が変わったわけではない。1972年にアイザック・ヘイズが『黒いジャガー』（1971年）にて歌曲賞を受賞したが、俳優は1983年開催の授賞式での『愛と青春の旅だち』（1982年）でのルイ・ゴセット・ジュニアの助演男優賞受賞まで待たなければならなかった。また19年間ものブランクがあったのだ。それでも40年代と比べると飛躍的に状況は改善されていて、俳優だけでなく編集者や脚本家や音声という裏方の人々の活躍も評価されるようになった。ブラックムービーにとっての黄金時代90年代に入り、ようやくノミネートされる人の数も増え、80年代の倍の数となった。

実のところ、ノミネート者の総数でいうと、90年代と00年代はさほど変わりはない。では、90年代と00年代は何が違うのか？　それはズバリ、受賞した数の違いである。受賞者の数には、90年代と00年代で8人の差がある。その中でも象徴的なのが、2002年の授賞式だ。『トレーニング デイ』（2001年）にてロサンゼルスの腐敗した刑事を演じたデンゼル・ワシントンが主演男優賞を受賞し、『チョコレート』（2001年）で死刑囚の夫を持つ女を演じたハル・ベリーが主演女優賞を受賞。そしてシドニー・ポワチエはこの年に功労賞を受賞した。この時、ワシントンは、モハメド・アリの自伝映画『ALI アリ』（2001年）のウィル・スミスと主演男優賞を争った。そしてワシントンの主演男優賞受賞は、黒人男優にとって1964年のポワチエ以来となり、受賞スピーチでは功労賞の受賞でその会場にいたポワチエに向かってこう語りかけた。

「40年も貴方を追ってきた私にも、ようやく彼らから賞を頂けました。しかも、貴方が功労賞を受賞したのと同じ日に。私はずっと貴方の足跡を追ってきたのです。もうこれ以上のことは出来ません」

ワシントンがこの言葉と共にオスカー像を会場にいるポワチエに向かって高々と掲げたのは、

とても感動的だった。そしてこの年、黒人女優にとっては初めてとなる主演女優賞をハル・ベリーが獲得し、主演部門が両方共に黒人という快挙も達成した歴史的な夜だった。そしてこの2002年の夜が黒人にとってアカデミー賞への突破口となった。

続いて2003年には、クイーン・ラティファが『シカゴ』（2002年）の演技で助演女優賞にノミネート。2004年には、ジャイモン・フンスーが『イン・アメリカ／三つの小さな願いごと』（2002年）にて助演男優賞にノミネート。同じ年には監督のキャロライン・アリがトゥパック・シャクールのドキュメンタリー作品『トゥパック　レザレクション』（2003年）にてドキュメンタリー賞にノミネートされた。

ジェイミー・フォックスの快挙

そしてジェイミー・フォックスが快進撃を繰り広げた2005年がやってくる。フォックスは元々ミュージシャンを目指して大学で作曲を勉強していたが、当時のガールフレンドにコメディアンの才能を見出され、コメディクラブのオーディションに出たところ、思いのほかウケたため、スタンダップコメディアンとしてキャリアをスタートしたのだった。人気TVバラエティ『In Living Color』（1990〜1994年／日本未放映）のオーディションに合格し、シーズン3から登場。[*2]この番組では、とても醜い女性ワンダというキャラクターで瞬く間に番組の人気者となり、フォックス主導のコントが増えた。彼を一躍人気者にしたのは、アル・パチーノと共演したアメリカン・フットボール映画『エニイ・ギブン・サンデー』（1999年）と『ALI アリ』だろう。この2本で、フォックスはコメディアンの枠に収まらない俳優としての才能を開花させた。

そして、フォックスは『クリップス』（2004年）でロサンゼルスの悪名高きギャング集団「クリップス」創設者の1人であるスタンリー・ウィリアムスを演じた。トム・クルーズが悪役に挑んだ『コラテラル』（2004年）では、トム・クルーズ演じる殺し屋を乗せて事件に巻き込まれてしまうタクシー運転手を好演。さらに、同じ年に伝説的なR&B歌手レイ・チャールズ本人に認められ出演した自伝映画『Ray／レイ』（2004年）が公開され『コラテラル』と『Ray／レイ』で、アカデミー賞の主演男優賞と助演男優賞の2部門に同時ノミネートされるという快挙を成し遂げた。そして『Ray／レイ』の演技で主演男優賞を獲得したのだった。

同じ部門では、『ホテル・ルワンダ』（2004年）のドン・チードルもノミネートされた。これは1994年にルワンダで発生した「ルワンダ虐殺」を描いた作品で、日本ではなかなか公開されなかった。映画評論家の町山智浩氏が尽力し、劇場公開されたのを覚えている人も多いだろう。この年のフォックスとアカデミー賞を争う羽目になったドン・チードルは運が悪かった。それほどまでにこの年のフォックスは神がかっていたのだ。そしてドン・チードルと同じ作品で、イギリス出身のソフィー・オコネドが助演女優賞にノミネートされている。さらには、4度目の正直[*3]で、モーガン・フリーマンが『ミリオンダラー・ベイビー』（2004年）で念願のオスカー初受賞となる助演男優賞を獲得。この年は男優部門の主演と助演が2人とも黒人という快挙を成し遂げた。

続いて2006年のアカデミー賞では、『ハッスル&フロウ』（2005年）でテレンス・ハワードが主演男優賞にノミネート、テネシー州メンフィス出身のラップグループのスリー・6・マフィアが歌曲賞をサプライズ受賞した。

女優たちの活躍

そして2007年のアカデミー賞はまた賑やかなものとなった。『ラストキング・オブ・スコットランド』（2006年）にてフォレスト・ウィッテカーが主演男優賞を獲得したのだ。『バード』（1988年）でカンヌ国際映画祭男優賞の受賞から、オスカー獲得まで19年間の歳月を要した。そしてウィル・スミスが『幸せのちから』（2006年）で主演男優賞に2度目のノミネート。ジャイモン・フンスーも『ブラッド・ダイヤモンド』（2006年）で2度目の助演男優賞にノミネートされた。そしてこの年話題をさらったのが、3人の女性が人気R&Bグループになる『ドリームガールズ』（2006年）だった。この作品は元々ロングランされていた人気舞台作品で、ブロードウェイだけでなく、全米各地で観られる作品だった。その作品に知名度も人気も抜群のR&Bシンガー・ビヨンセや、オスカーを獲得したばかりのジェイミー・フォックスがキャスティングされ、公開前から期待度は高まっていた。監督は『シカゴ』のビル・コンドン。アカデミー賞では最多の8部門にノミネートされたが、受賞に至ったのは助演女優賞と音響編集賞の2部門のみだった。エディ・マーフィーがこの作品の演技で助演男優賞にノミネートされたが、受賞は逃している。オスカーの前哨戦とも言われているゴールデン・グローブ賞やスクリーン俳優協会賞などを総なめしたのに、肝心のオスカーを逃したのは謎だと言われている。そしてこの映画で本物のドリーム・ガールが誕生する。『アメリカン・アイドル』（2002年～）でファイナリストとなり歌手デビューをしていたジェニファー・ハドソンは、本作が映画デビュー作だが、まさかのアカデミー助演女優賞に輝いた。

2008年はたった1人、『アメリカン・ギャングスター』（2007年）にて名女優ルビー・ディが85歳で念願の助演女優賞にノミネートを果たした。40年代から第一線で活躍し続ける大女優と呼ばれるに相応しいベテランである。『ドゥ・ザ・ライト・シング』（1989年）や『ジャングル・フィーバー』（1991年）では、夫のオシー・デイヴィスと共にスパイク・リー作品でも活躍した。『アメリカン・ギャングスター』は、麻薬取引で成り上がった実在のギャングスタであるフランク・ルーカス（デンゼル・ワシントン）を描いたクライムストーリー。麻薬取引という犯罪に手を染めた息子フランク・ルーカスの頬をパチンと叩くルビー・ディの母親像は、とても力強く素晴らしかった。もし、40年代から正当に黒人がアカデミー賞で評価されていたら、彼女はおそらく『レーズン・イン・ザ・サン』（1961年）などで助演女優賞を獲得していたはずである。ルビー・ディは2014年に他界し、残念ながらオスカーを獲得することはなかった。

2009年は女優の当たり年で、『ダウト ～あるカトリック学校で～』（2008年）にてヴァイオラ・デイヴィスが、『ベンジャミン・バトン 数奇な人生』（2008年）にてタラジ・P・ヘンソンが揃って助演女優賞にノミネートされた。

黒人監督とアカデミー賞

このようにゆっくりとではあるが、00年代は黒人俳優がやっと正当に評価されるようになったのである。しかし00年代で明確に見えてくるのが、黒人俳優がノミネートされた作品のほとんどが白人監督による作品であるということだ。ここまで挙げた作品で、黒人監督による作品は、デンゼル・ワシントンが2002年に主演男優賞を獲得した『トレーニング デイ』のアントワン・フークアのみである。

そんな状況もまた変わっていく。ハル・ベリーが2002年にオスカーを受賞した『チョコレート』でプロデューサーを務めていたリー・ダニエルズが、サファイアが書いた小説『プッシュ』を、『プレシャス』(2009年)というタイトルで映画化し、監督も担当したのだ。この作品はニューヨーク州ハーレムに住む16歳の少女プレシャス(ガボレイ・シディベ)が母親(モニーク)に虐待を受けながら、ダウン症の赤ちゃんを産み、そして特別学級で新しい先生(ポーラ・パットン)に出会い、成長していくという物語である。主演のプレシャス役には、当時は大学生だったガボレイ・シディベがオーディションで選ばれた。シディベはこの演技でアカデミー主演女優賞にノミネートされている。モンスターのような母親を怪演したモニークは、元々人気スタンダップコメディアンヌで、TVシリーズ『The Parkers』(1999~2004年/日本未放映)でお茶の間の人気者だった。モニークはアカデミー助演女優賞を見事に受賞した。黒人監督のリー・ダニエルズは、この作品でアカデミー監督賞にノミネートされている。黒人監督としては、1992年の『ボーイズン・ザ・フッド』(1991年)のジョン・シングルトン以来の快挙であった。プロデューサーも担当したダニエルズは作品賞のノミネートにも名を連ねており、これは『カラーパープル』(1985年)のクインシー・ジョーンズ以来の出来事である。『プレシャス』は、黒人監督・黒人プロデューサーによる初の作品賞ノミネート作となり歴史に残った。それだけではなく、脚本家のジェフリー・フレッチャーが脚色賞を獲得し、黒人脚本家にとって初のオスカー受賞という歴史を作った。この年には、ロジャー・ロス・ウィリアムス監督が『Music by Prudence』（2010年／日本未公開）にて短編ドキュメンタリー賞を受賞し、この部門の初の黒人受賞者となった。

少しずつではあるし、まだまだ完璧に平等というわけではないが、それでも00年代は俳優も監督も認められる門戸が開いた時代であった。こうして当時の受賞作を眺めると、2002年のアカデミー賞が、いかにブラックムービーに影響を与えたのかが窺える。「たかがアカデミー賞じゃないか」と思う人もいるだろう。しかし、それがある者たちにとっては非常に厳しい狭き門で、彼らはその門を努力と根性で少しだけこじ開けたのである。そのことが分かれば、我々も一緒に喜びを分かち合えることになるだろう。

＊1：1941年〜1963年の間にノミネートされた黒人俳優。1950年助演女優部門エセル・ウォーターズ『ピンキー』（1949年）、1955年主演女優部門ドロシー・ダンドリッジ『カルメン』（1954年）、1959年主演男優部門シドニー・ポワチエ『手錠のまゝの脱獄』（1958年）、1960年助演女優部門ワニータ・ムーア『悲しみは空の彼方に』（1959年）の4人。

＊2：『In Living Color』はフォックス・チャンネルで放送していた黒人版『サタデー・ナイト・ライブ』と言われるバラエティ番組。ちなみにジェイミー・フォックスと同じシーズン3から、ダンスを担当していた「フライ・ガールズ」に加入したのがジェニファー・ロペス。

＊3：モーガン・フリーマンの4度目の正直。主演男優賞ノミネート2回、助演男優賞2回ノミネート。『NYストリート・スマート』（1987年）助演、『ドライビング Miss デイジー』（1989年）主演、『ショーシャンクの空に』（1994年）主演、『ミリオンダラー・ベイビー』（2004年）助演。

Ali

ALI アリ

2001

監督●マイケル・マン
脚本●マイケル・マン、スティーヴン・J・リヴェル、クリストファー・ウィルキンソン、エリック・ロス　**出演**●ウィル・スミス、ジェイミー・フォックス、ジョン・ヴォイト、マリオ・ヴァン・ピーブルズ

「モハメド・アリの伝記映画でウィル・スミスがアリを演じる」と聞いた時、そのキャスティングに違和感を感じた人は少なくなかった。筆者もその一人である。しかし、スクリーンに映っていたのは、スミスでなくアリそのものであった。それほど彼の演技力は素晴らしかった。共演者の中で特筆したいのはマルコムXを演じたマリオ・ヴァン・ピーブルズだ。鑑賞前はこの配役に全く納得出来なかったが、その素晴らしい演技に泣かされてしまった。ただ、物語上でアリがなぜムスリムに改宗したのかといったことが描かれておらず、やや物足りなさも感じた。

Training Day

トレーニング デイ

2001

監督●アントワン・フークア
脚本●デヴィッド・エアー
出演●デンゼル・ワシントン、イーサン・ホーク、スコット・グレン、エヴァ・メンデス

ロサンゼルスの汚職刑事を描いた作品。警察という、法と秩序を守るべき組織の中にも浄化しきれない巨悪がある……という現実を見事に表現している。脚本家のデヴィッド・エアーいわく「友人の父親をイメージして書いた」というアロンゾ・ハリス（デンゼル・ワシントン）の人物像は非常に生々しく、実在する人物のようだ。善人を演じることが多い普段のワシントンからは想像も出来ない、悪のワシントン＝汚職刑事アロンゾが、スクリーン上に生きているのだ。「キングコングだって俺にはかなわない」のアドリブも含め、見事な演技であった。

Hotel Rwanda

ホテル・ルワンダ

2004

1994年、アフリカの小国ルワンダで実際に起きたツチ族の大量虐殺を題材にした一本。罪もないのに殺されていくツチ族と、それを見ていることしか出来ないアメリカやヨーロッパから来た人々の顔。自分の命をお金で買おうとする主人公（ドン・チードル）の緊迫した表情。全てがリアルだ。人は真実と向き合う必要があると分かっていても、あまりの恐ろしさに向き合えない時がある。この映画を鑑賞した後は、正にそんな感覚に包まれた。人間の恐ろしさを知ると共に、「真実」と「生」に向かい合うことの大事さを教えてくれる作品だ。

監督●テリー・ジョージ
脚本●キア・ピアソン、テリー・ジョージ
出演●ドン・チードル、ソフィー・オコネドー、ニック・ノルティ、ホアキン・フェニックス

Ray

Ray／レイ

2004

有名な俳優が有名な実在の人物を演じると、俳優の元々のイメージが付きまとい、どうしてもギャップが生まれる。しかし本作のジェイミー・フォックスは、誰もがすぐに「これはレイ・チャールズだ」と納得してしまうほどの見事な変貌ぶりである。ピアノの演奏シーンも見事で、演奏中の無駄な動きが全くなく、非常にナチュラル。奨学金を得て大学で音楽を学んでいたというフォックスの才能が、いかんなく発揮されている。さらに、コメディアンとしてのキャリアを活かした絶妙の間で観客を笑わせる。多彩な才能を持つ彼にしか出来ない名演だ。

監督●テイラー・ハックフォード
脚本●ジェームス・L・ホワイト
出演●ジェイミー・フォックス、ケリー・ワシントン、レジーナ・キング、クリフトン・パウエル

Hustle & Flow
ハッスル&フロウ

2005

アメリカ南部の寂れた町に住む、うだつの上がらないピンプ(テレンス・ハワード)が、「ラッパーになる」というかつての夢を思い出して奔走する物語。主人公のように、30代になってから改めて夢を追う決意をしてみたとして、簡単には叶わないのが現実だ。一体何人の人が、若い頃の夢を達成出来るのだろうか? 本作を観ていると、自分の夢はなんだったのだろうか……と、自問自答したくなる。30代というのは、人生の忘れ物に気づく時期なのかもしれない。主人公の住む境遇は、私たち日本人と環境こそ違えども、その想いには十分に共感出来るだろう。

監督●クレイグ・ブリュワー
脚本●クレイグ・ブリュワー
出演●テレンス・ハワード、アンソニー・アンダーソン、タリン・マニング、タラジ・P・ヘンソン

Dreamgirls
ドリームガールズ

2006

60年代のボーカルグループ、シュープリームスをモデルにしたミュージカルの映画化作品。50~70年代の音楽業界の裏側を描いたブラックムービーは多く、本作に特別な目新しさはない。しかし、元々人気のミュージカルにビヨンセやジェイミー・フォックスという豪華キャストが出演ということもあり、大きな評判を呼んだ。キャストの中では、ジェニファー・ハドソンとエディ・マーフィーが特に素晴らしい。ハドソンは、歌い出すと恐ろしいほどに存在感が際立つ。マーフィーは、彼らしさを十分に残しながらも本作でさらに役者としての演技の幅を広げた印象だ。

監督●ビル・コンドン
脚本●ビル・コンドン
出演●ジェイミー・フォックス、ビヨンセ、ジェニファー・ハドソン、アニカ・ノニ・ローズ

American Gangster
アメリカン・ギャングスター

2007

60年代後半〜70年代に麻薬の密売で財を成した実在のギャング、フランク・ルーカスをデンゼル・ワシントンが演じた一本。冷酷でありながら、行動力のあるビジネスマンを思わせるルーカスを演じたワシントンと、破天荒ながらも正義感に貫かれた麻薬特別捜査官リッチーを演じたラッセル・クロウの演技は見事だ。2人の演技力に釘付けになっているうちに、2時間40分という長い上映時間があっという間に過ぎてしまう。しかし、悪事を働きながら上手く法を潜り抜けてしまう主人公フランクの描かれ方には、社会への悪影響も含めて疑問が残る。

監督●リドリー・スコット
脚本●スティーヴン・ザイリアン
出演●デンゼル・ワシントン、ラッセル・クロウ、キウェテル・イジョフォー、キューバ・グッディング・ジュニア

Precious
プレシャス

2009

本作のテーマは「未成年の虐待」と「家族のあり方」である。主人公は16歳の女の子、クレアリース・"プレシャス"・ジョーンズ（ガボレイ・シディベ）。父親にレイプされ、母親に暴力を振るわれながら生きる彼女の壮絶な人生が、生々しい演出によるリアルな映像で観客に突きつけられる。しかし単に悲惨なだけなく、ラストには希望がある。ダニエルズ監督の果敢な姿勢は、こういった酷い虐待を実際に受けている人々の声を世間に届けるために他ならない。それは我々のような観客にとっても「プレシャス（大切）」なメッセージとして響く。

監督●リー・ダニエルズ
脚本●ジェフリー・フレッチャー
出演●ガボレイ・シディベ、モニーク、ポーラ・パットン、マライア・キャリー、レニー・クラヴィッツ

黒人プロデューサーの活躍

プロデューサーが生まれやすい土壌

繰り返しになるが、黎明期からそうだったように、ブラックムービーの基本は「自主制作」だ。大手スタジオが黒人にお金を投資するということはなかったのである。ブラックムービーの始祖と言われているウィリアム・フォスターも、ブラックムービーの父オスカー・ミショーも、近代ブラックムービーを作り上げたメルヴィン・ヴァン・ピーブルズも、あのスパイク・リーだって、最初は皆自主制作だった。オスカー・ミショーも、白人資本に頼ってはいたが、大手スタジオから声が掛かることはなかったので、ほぼ全ての作品が自主制作である。まず自分が動かなければ、映画を作ることは出来なかったのだ。見方を変えれば、ブラックムービーには自主制作のプロデューサーが生まれやすい土壌があったと言える。

21世紀に入り、黒人プロデューサーを取り巻く状況は昔と変わらない部分もあれば、大きく変わる部分も生まれてきた。

ウィル・パッカーのレインフォレスト・フィルムズ

2000年に入ってすぐに登場したのがウィル・パッカーというプロデューサーだ。彼はフロリダA&M大学で電気エンジニアリングの勉強をしていたが、ロブ・ハーディという後に映画監督になる人物とフラタニティ（社交クラブ）で出会い、2人で「レインフォレスト・フィルムズ」という会社を設立して映画制作を始めたのだった。

2人が最初に作ったのが『Trois』（2000年／日本未公開）だ。これはいわゆるメナージ・ア・トワ（フランス語で3人での性交渉という意味）を描いたエロチック・サスペンス映画だった。ケニア・ムーアというミスコン出身の美女と、スカウトされて俳優となったゲイリー・ドォーダンというルックスに優れた2人を起用したことが功を奏し、20〜50館ほどの単館上映にもかかわらずトータルで100万ドル以上を稼ぎ出した。その続編として『Trois 2: Pandora's Box』（2002年／日本未公開）や『淫欲』（2004年）も作られている。大手映画雑誌ハリウッドリポーター誌が「2000年の映画配給会社トップ500」で、34位にレインフォレスト・

フィルムズを選ぶなど、同社は映画会社として急成長を遂げた。

教会を舞台にしたドラマ『ゴスペル』（2005年）や、大学のフラタニティの規律を合わせるためのステップという踊りを描いた『ストンプ・ザ・ヤード』（2007年）は、7500万ドルの収益をあげ、日本でも劇場公開されるなどして成功を収めた。この成功を機に、大学のフラタニティのステップを描いた作品が非常に多くなる。大抵はこの映画同様に青春映画として作られている。

レインフォレスト・フィルムズはその後ビヨンセとイドリス・エルバを起用したサスペンス映画『オブセッション　歪んだ愛の果て』（2009年）を制作。そして、イドリス・エルバ、マイケル・イーリー、クリス・ブラウン、ティップ〝TI〟ハリス、ポール・ウォーカー、ヘイデン・クリステンセンというイケメン俳優・ミュージシャンを集めまくって制作したスタイリッシュなクライムストーリー『テイカーズ』（2010年）を制作した。この作品は日本でも劇場公開されている。

彼らの作品は、映画として特別優れているというわけではないが、ルックスの良い俳優を多数起用し、彼らを大胆に脱がせることで多くの人を引きつけたのだ。また2005年の『ゴスペル』では、アメリカで人気が爆発する前だったイドリス・エルバを起用しているなど、スターの起用が非常に上手いのも特徴だ。

プロデューサーのウィル・パッカーがあくまでもプロデューサー業に従事していたのも特筆すべきだろう。以前のインディペンデント映画のように「映画を撮る=監督とプロデューサーを兼任」というわけではなかったのだ。ここまで成長したレインフォレスト・フィルムズだったが、ウィル・パッカーのプロデューサーとしての才能が買われ、2013年にはパッカーの個人制作会社「ウィル・パッカー・プロダクション」が設立されてしまい、レインフォレストは消滅している。

主人公が白人でも黒人でも通用する普遍的な物語

映画監督／プロデューサーであるリー・ダニエルズの経歴は面白い。高校を卒業し、大学に進むも2年で退学。その後ロサンゼルスに渡り、看護師の人材派遣会社で事務の仕事に就いた。そこでビジネスのノウハウを学び、自ら看護師の人材派遣会社を設立して成功させた。しかし、映画の道に進みたかったダニエルズはその派遣会社を売却し、今度はハリウッドのキャスティング会社に就職する。そこで関係者と出会うようになり、『アメリカン・ビューティー』（1999年）で注目を集めるようになった頃の俳優ウェス・ベントリーのマネージャーを担当する。そしてそれからたった2年で「リー・ダニエルズ・エンターテインメント」という制作会社を設立した。

リー・ダニエルズ・エンターテインメント第1弾の映画は『チョコレート』（2001年）。死刑囚となった夫（ショーン・"ディディ"・コムズ）と、幼い子供を抱えた妻（ハル・ベリー）、そしてその夫の死刑執行人だった男（ビリー・ボブ・ソーントン）の数奇な運命を描いた作品だ。本作の演技で、ハル・ベリーが黒人女優として初のアカデミー主演女優賞に輝いた。この受賞で、プロデューサーのリー・ダニエルズも注目の的となった。

続いて、リー・ダニエルズ・エンターテインメントはおとぎ話「赤ずきんちゃん」を現代に置き換えてホラーなドラマ作品にした『The Woodsman』（2004年／日本未公開）を制作。ケヴィン・ベーコンとキーラ・セジウィック夫婦が共演して話題を集め、映画祭などでも評判は上々であったが、どういうわけか未だに日本未公開となっている。

キューバ・グッディング・ジュニアとヘレン・ミレンが共演した『サイレンサー』（2005年）にて、ダニエルズは監督デビューを果たす。しかしこれが批評家からの評判が悪く、単館公開だったということもあり、興行成績は散々なものであった。

次作は、歌姫マライア・キャリーをキャスティングした『Tennessee』（2008年／日本未公開）。今回はさすがに監督からは退いたが、それでもあまりいい評判を得ることが出来なかった。それでもリー・ダニエルズは挑戦し続けた。サファイアの小説『プッシュ』と出会った彼は、サファイアの独特な文体の原作を見事に映像化した『プレシャス』（2009年）で、アカデミー監督賞にノミネートされたのだ。しかもプロデューサーとして作品賞にもノミネートされた。諦めずに挑戦し続けたからこそ掴んだ成功であった。『Tennessee』に出演した際に評価を得られなかったマライア・キャリーも、『プレシャス』ではマライアらしからぬノーメイクで挑んだ役作りが評価された。

マライア・キャリーのみならず、リー・ダニエルズは有名ミュージシャンの起用が上手い人だ。『チョコレート』ではショーン・〝ディディ〟・コムズだけでなく、ヤシーン・ベイ（モス・デフ）を起用した。『The Woodsman』では女性ラッパーのイヴ、『サイレンサー』ではメイシー・グレイ、『プレシャス』ではレニー・クラビッツらを起用している。

なお評価を受けた『チョコレート』や『プレシャス』では黒人を描いているが、他の作品では白人俳優が主役のことが多い。主人公が白人でも黒人でも通用する普遍的な物語を描いているのも特徴的だ。その作家性は、今でもブレていない。

日本では知られていないヒットメーカー、タイラー・ペリー

そしていよいよタイラー・ペリーが登場する。ルイジアナ州ニューオリンズで生まれ育ったタイラー。出生名は父親と同じエミット・ペリーであったが、暴力的だった父から距離を置く

ために名前をエミット・ペリー・ジュニアからタイラー・ペリーに変えたのが16歳の時だ。厳しい家庭環境で高校すら卒業出来なかった彼は、ジョージア州アトランタに移り、ホームレスとして暮らしたこともあったという。

彼の運命を決めたのは、オプラ・ウィンフリーの人気TV番組『The Oprah Winfrey Show』（1986〜2011年／日本未放映）で放送された、こんな言葉だった。

「自分自身を探すためには、何か書くことを勧める。自分宛に手紙でも書くといいわね」

この言葉を聞いて、ペリーはペンを走らせた。そして完成したのが『I Know I've Been Changed』（1992年／日本未公演）という舞台ミュージカル作品だった。彼のキャリアは、黒人芸能に伝わる「チットリン・サーキット*1」と言われる、南部を中心にしたドサ回りの劇団から始まっている。

2000年に入る直前、タイラー・ペリーは『I Can Do Bad All by Myself』（1999年／日本未公演）という舞台に「マディアおばさん」というキャラクターを登場させた。マディアおばさんは常にピストルをカバンに忍ばせ、必要とあらばそのピストルを使って相手を威嚇しまくり、拳や下ネタまで飛び出すという破天荒なキャラクターで、ペリー本人が女装して演じている。黒人向けの雑誌やウェブサイトでペリーの舞台が徐々に評判になり、マディアおばさんが人気を集めるようになった。彼は次々とマディアおばさんが出る舞台を作り、舞台を収録したＤＶＤを新しく出来たばかりのライオンズゲート社の元で次々と販売していった。地理的な理由で舞台を観られない人々の間にも、ＤＶＤのおかげでマディアおばさんの人気が広まった。この人気ぶりに目を付けたライオンズゲート社は、タイラー・ペリーに舞台の映画化を打診する。ペリーがプロデューサーという立場になって初の映画作品が、『Diary of a Mad Black Woman』（２００５年／日本未公開）だった。ペリーはマディアおばさん役で出演し、チェーンソーを振り回して暴れた。批評家からは散々な評価だったが、これがアメリカでは初登場で興行成績第1位と大ヒット。５００万ドルの制作費で、５０００万ドルも稼いだ。

このヒットを受けて他のペリーの舞台作品も映画化が進み、２００６年から２０１０年の間に8作も映画が作られている。次作の『Madea's Family Reunion』（２００６年／日本未公開）から監督にも挑戦した。舞台の演出・出演もし続けながら、俳優として『スター・トレック』（２００９年）にも出演した。彼の活躍は留まるところを知らず、『プレシャス』では直接制作には関与していないが、制作後に映画宣伝のためにオプラ・ウィンフリーと共にプロデューサーとして名を連ねた。

タイラー・ペリーの作品は舞台から一貫して、クリスチャンの信念の元で物語が描かれている。ペリーの出現以来、クリスチャンの信念の元に描かれる作品が増え、これらは「ゴスペル映画」「クリスチャン映画」などとカテゴライズされることが多い。彼の映画を好む人々は、ペリーの出身地でもある南部の「バイブルベルト」と呼ばれる、熱心なクリスチャンが多い地域に住んでいる。

日本ではペリーの作品が公開されることはほとんどなく、いわゆるビデオスルーすらされないのが現状である。アメリカでは彼の作品が公開される度、興行成績1位か2位を獲得しており、日本はタイラー・ペリーに関してはガラパゴス化している。

＊1：チットリンとは、奴隷時代から白人の主人たちが食べないので捨てるような豚の内臓を、食事すらまともに与えられない黒人奴隷たちが長い時間煮込んで食べられるようにした料理。早い話がモツの煮込みだ。そのような物が食べられるであろう南部の黒人用クラブを回っていたミュージシャンやコメディアンたちが、自分たちの興行形態をそう呼んでいた。

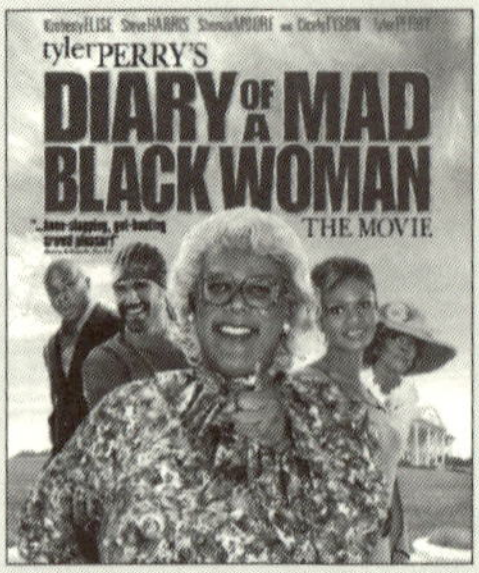

日本未公開

Diary of a Mad Black Woman

2005

本作は、18年目の結婚記念日を目前にして夫から家を追い出されてしまった女性（キンバリー・エリス）の「怒り」と「許し」がテーマになっている。劇中では音楽が重要な役割を果たしており、あるシーンでは美しいジャズの調べに合わせて男女が踊る。男は汚れた作業服をまとい、女はウェイトレスの制服のまま踊っている。美しいジャズと汚れた作業着の襟元がなぜかマッチしていて、スクリーンからはジャズらしい妖艶さが漂ってくる。ストーリーの中心となる男女だけでなく、複数の人物の物語がクロスオーバーして深みを生んでいるのも魅力だ。

監督●ダレン・グラント
脚本●タイラー・ペリー
キンバリー・エリス、スティーヴ・ハリス、シーマー・ムーア、タイラー・ペリー

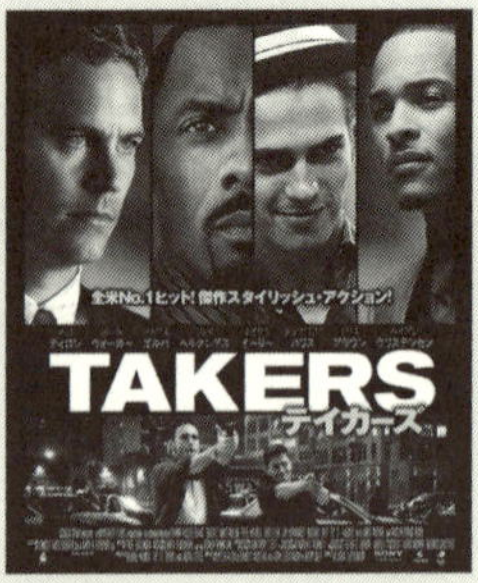

Takers

テイカーズ

2010

ロサンゼルスを舞台にした、スーツに身を包んだ強盗グループとそれを追う警官たちの物語。スタイリッシュなセリフや映像で観客を楽しませるエンターテインメントだ。主演者が全員カッコいいので、彼らを見ているだけでも面白い。ただし、出演者の中でもっとも俳優経験がないであろうT.I.がこの映画の中で一番難しい役どころを演じたのが残念でならない。彼の演技も悪くはないが、もしあの役を演技経験豊富なプロが演じたら、この映画はもっと面白くなっていたのではないだろうか。また、ラストが釈然とせず物語全体の印象を弱めているのも惜しい。

監督●ジョン・ラッセンホップ
脚本●ガブリエル・カシアス、ジョン・ラッセンホップ、エイバリー・ダフ、ピーター・アレン
出演●マット・ディロン、ポール・ウォーカー、ティップ“TI”ハリス、ヘイデン・クリステンセン

2000年代のヒップホップ映画

ヒップホップの成熟期

90年代、『メナースⅡソサエティ』（1993年）の成功以降、ブラックムービーとヒップホップは密接な繋がりをみせてきた。多くのラッパーが俳優を兼業し、ラッパー兼俳優の代表格であるアイス・キューブ制作の『friday』（1995年）以降はヒップホップと結びついたコメディも増えた。00年代のブラックムービーは、そんな90年代の流れを受け継ぎつつ、成熟を見せている。硬派にアクションを描くか、コミカルに笑わせるか、はたまたアクションと笑いの両方を描くか……などなど、多彩な作品が生まれた。

『バッドボーイズ』（1995年）のヒットで人気を得たマーティン・ローレンスは、『ビッグママ・ハウス』（2000年）に出演。ローレンスは、アクションとコメディ、そしてヒップホップを全て融合させるのが非常に得意だ。今となっては贅沢なキャスティングだが、テレンス・ハワードを悪役に迎え、特殊メイクで女性になったローレンスがFBI捜査官を演じた。『ブルー・ストリーク』（1999年）はダイヤモンドを盗もうとする男が警察官に扮装して、警察署に侵入して……というドタバタコメディだった。この作品の主題曲を歌ったジェイ・Zの曲のMVにローレンスが登場している。

パロディ映画が空前の大ヒット

キーネン・アイヴォリー・ウェイアンズ監督の『最終絶叫計画』（2000年）は、記録的な大ヒットを飛ばした。『最終絶叫計画』は当時流行っていたティーン向けのホラー映画『スクリーム』（1996年）などをネタにしたパロディ映画で、キーネンの弟であるショーン・ウェイアンズとマーロン・ウェイアンズのアイデアが元になっている。ショーンとマローンは俳優として出演した。ウェイアンズの面々はもともとパロディ映画が得意で、『ポップ・ガン』（1996年）では『ボーイズン・ザ・フッド』（1991年）などの90年代のブラックムービーをネタにし、スマッシュヒットを飛ばしていた。その第2弾的な位置付けで作られたのが『最終絶叫計画』である。この作品は最終的には2億7800万ドルを稼ぐという驚異的な記録を打ち立てた。黒人監督による作品で興行成績1億ドルを突破したのは、シドニー・ポワチエの『スター・クレイジー』(1980年)に続いて史上2作目となった。

カルト的な人気を誇るパロディ作品と言えば、ブラックスプロイテーションのパロディ『Black Dynamite』(2009年/日本未公開)がある。『スポーン』(1997年)の主役マイケル・ジェイ・ホワイトが演じる元CIAエージェント「ブラック・ダイナマイト」が、黒人ゲトーの住民を過激に救うというコメディだ。これが人気を博し、TVアニメシリーズ化もされた。

そしてこの時期の同じようなアクションカルト作品では、スタントマン出身のマーク・ヒックス監督・主演の超低予算映画『アフロ忍者』(2009年)も印象的だ。ヒックスは、NBAスーパースターのレブロン・ジェームスが、カンフーをモチーフにしたナイキのTVコマーシャルでジム・ケリーと共演する際に、ジム・ケリーの弟子役のオーディションに参加した。ジム・ケリーは黒人マーシャルアーツのレジェンドである。そのオーディションでヒックスは得意のバク転を披露したが、見事にこけてしまい、その映像がYouTubeに流出したことをきっかけに人気者となった……という変わった経歴の持ち主だ。『アフロ忍者』は日本でもDVDで販売されて話題となった。

個性豊かなコメディ

スパイク・リーの従兄弟で映画監督のマルコム・D・リーは『アンダーカバー・ブラザー』(2002年) というコメディ映画を制作する。白人の洗脳から黒人を救い出すためにアンダーカバー・ブラザー(エディ・グリフィン)が活躍するというコメディだ。アンダーカバー・ブラザーが70年代のブラックスプロイテーション・ヒーロー風の恰好をしており、劇伴は70年代のファンク音楽が中心で、大御所ジェームス・ブラウンが豪華にカメオ出演している。スヌープ・ドッグがジョージ・クリントンやブーツィー・コリンズらと制作したサントラ曲「Undercova Funk (We Got The Funk)」も話題となった。

アメリカでは、アンダーグラウンドの世界でポピュラーな「マリファナ映画」というジャンルが存在している。70年代からマリファナネタを得意とするコメディアン「チーチ&チョン」などがカルト人気を得て、黒人コメディアンのデイブ・シャペルも『ハーフ・ベイクト』(1998年) に出演し、こちらもカルト人気となっている。その世界に満を持して登場したのがウータン・クランのメソッド・マンと盟友レッドマンによる『ビー・バッド・ボーイズ』(2001年) だ。冴えない青年がマリファナを吸ってハーバード大学に合格するという、トンデモなストーリーである。また、『ビー・バッド・ボーイズ』のように直接的にマリファナを扱っているわけではないが、70年代の名作コメディ『カー・ウォッシュ』（1976年）のリメイク『ザ・ウォッシュ』（2001年）という作品もこの流れで紹介しておきたい。ドクター・ドレとスヌープ・ドッグが共演しており、ドレの人脈を生かしてイグジビッドやダズ・ディリンジャーなどの西のラッパーは当然のこと、エミネムまでカメオ出演している。『friday』の脚本家DJ・プーが監督した作品だったが、いまいちカルト受けはしなかった。「ドクター・ドレが演技している姿を観ることが出来る珍しい作品」という立ち位置だ。

コメディの枠に収まらないヒップホップ・ムービー

ここまではコメディ色の強いヒップホップ映画を紹介したが、もちろん硬派な作品もある。『ブロンクス・ストリート』（1994年）で評価を得たダーネル・マーティンによる『Prison Song』（2001年／日本未公開）だ。

ア・トライヴ・コールド・クエストのQティップとヒップホップ／R&Bの女王メアリー・J・ブライジが主演。ミュージカル作品なので、彼らが時にラップしたり歌ったりしながら演じている。ラップ部分のセリフはQティップのペンによるものなので、彼も脚本家のひとりとしてクレジットされている。父親代わりの男性（ハロルド・ペリヌー）が冤罪《えんざい》にもかかわらず25年の刑を言い渡され、彼のフィアンセ（メアリー・J・ブライジ）とその子供の生活も一転し、そしてその子供が時を経て大人の男性（Qティップ）になり、彼もまた様々な状況から刑務所暮らしとなり……という悪循環を描いた作品だが、残念ながら今のところ日本では公開されていない。

90年代はコメディ路線を走っていたアイス・キューブが、ここでまたちょっと雰囲気を変えてくる。『バーバーショップ』（2002年）はシカゴの理髪店を舞台にしたコメディではあるが、そこにほのぼのとした人情味をミックスした群像劇だ。アメリカ映画ではあまり感じることが出来ない「人情」を感じさせるこの1本は、多くの観客に受け入れられた。黒人の人々とは切っても切れない理髪店を舞台にしたのも上手い。スパイク・リーのデビュー前の作品『ジョーズ・バーバー・ショップ』（1983年）や、エディ・マーフィーの『星の王子ニューヨークへ行く』（1988年）などにも理髪店は登場し、そこで繰り広げられる会話劇は常にユニークだった。そんな「理髪店での会話」を掘り下げて描かれた物語が、アイス・キューブの『バーバーショップ』である。黒人同士が集まると、どうも遠慮は要らないようで、あけすけに意見を言い合い、そして笑い合うのだ。

ところが、この映画のセリフで、公民権運動の重要人物であるローザ・パークス[*1]のことを「彼女はただ座っただけ」と言ってしまい、それが当時マスコミに取り上げられて大問題となった。そういった論争に巻き込まれながらもこの映画は若者を中心に人気を博し、続編の

『バーバーショップ2グッド!』(2004年)と『バーバーショップ3リニューアル!』(2016年)が3部作として制作された。さらに、クイーン・ラティファを主役に迎え、女性側から美容の世界を描いた『ビューティー・ショップ』(2005年)というスピンオフ作品もある。いわゆるビデオスルーのインディペンデンス系・B級作品で、『バーバーショップ』に影響を受けて理髪店・美容院を舞台にした作品はコメディからスリラーまで無数に存在している。

一方、硬派なクライムストーリー『Paid In Full』(2002年/日本未公開)を制作したのが、ジェイ・Zがいた頃のロッカフェラ・レコードだった。レーベル責任者デイモン・ダッシュとジェイ・Zがプロデューサーを務めている。ハーレムを舞台に、実在する3人のドラッグディーラーの成功と衰退を描いており、そのモデルとなった実在のドラッグディーラーが初期の脚本を手掛けている。『ドラムライン』(2002年)のチャールズ・ストーン3世が監督を担当。ラッパーのキャムロンが主役の1人を演じ、他にもダグ・E・フレッシュやN.O.R.E.が出演している。批評家からは「ありがちなクライムストーリー」と評されたが、ヒップホップ誌「ヴァイブ」が選んだ「ヒップホップに影響を与えた映画50作品」では、49位に選ばれており、その影響は計り知れない。ちなみに、タイトルはラップ・デュオのエリックB&ラキムの人気曲「Paid In Full」からの引用だ。

この頃に、ハードなクライムストーリーを得意とするアントワン・フークア監督が誕生したのも影響が大きい。フークア監督はもともとミュージックビデオ監督として知られていたが、デンゼル・ワシントンにアカデミー主演男優賞を獲得させた『トレーニング デイ』（2001年）で映画監督として有名になった後は、『ティアーズ・オブ・ザ・サン』（2003年）や『キング・アーサー』（2004年）などの黒人俳優が主役ではない作品の監督が続いた。リチャード・ギアが主役の『クロッシング』（2009年）は、ニューヨークのブルックリンが舞台で、ドン・チードルやウェズリー・スナイプスが出演し、90年代のブラックムービーを思わせるクライムストーリーだった。

フークア監督は、黒人だからこそ経験する物語を積極的に語るタイプの監督ではないが、黒人を蔑ろにしているわけでもないという、それまでになかったポジションにいる人だ。

彼と同じような立ち位置にいる俳優に、ドウェイン・ジョンソンとヴィン・ディーゼルがいる。今では現代を代表するアクション映画スターに成長したこの2人は、共にマルチレイシャル（混血）である。WWEの人気プロレスラー「ザ・ロック」として活躍していたドウェイン・ジョンソンは、同じくプロレスラーだった父がカナダのブラック・ノヴァ・スコシア[*2]というとても興味深いヘリテージを持つ俳優だ。ジョンソンは『ハムナプトラ2／黄金のピラミッド』（2001年）でスコーピオン・キングを演じ、その後そのキャラクターを主役にし、WWEが制作に参加した作品『スコーピオン・キング』（2002年）で主演を務めた。ヴィン・ディーゼルは『ワイルド・スピード』（2001年）や『ピッチブラック』（2000年）のシリーズで知られている。実はヴィン・ディーゼル自身は実の父親のことを知らないため（ディーゼルを養子にした育ての父親は黒人である）、彼が黒人であるということに確証はない。だが、実の父親は恐らく黒人だったと言われている。

アーティスト個人の物語

話をヒップホップ映画に戻そう。ブラックムービーではないが、2002年にはエミネムの半生を硬派なドラマとして描いた『8 Mile』（2002年）も完成している。この映画の主題曲「Lose Yourself」が、ラップ曲として初めてアカデミー賞の歌曲賞を受賞した。同じく自身の半生を描いた作品が50セントの『ゲット・リッチ・オア・ダイ・トライン』（2005年）だ。9発の銃弾を体で受けても死ななかった男、50セントの伝説が語られている。

ニューヨーク出身の伝説的なラッパーの自伝映画『ノトーリアスB.I.G.』（2009年）も、彼の死後、母親や所属レーベルの代表ショーン・〝ディディ〟・コムズらによって制作された。『ノトーリアスB.I.G.』の監督は『ソウル・フード』（1997年）のジョージ・ティルマン・ジュニア。脚本は、スパイク・リーの『ゲット・オン・ザ・バス』（1996年）のレジー・

ロック・バイスウッドと、現在ネットフリックス・シリーズ『Marvel ルーク・ケイジ』(2016年〜)のショーランナーとして活躍するチェオ・ホダリ・コーカーだった。コーカーは元々音楽ジャーナリストとして活躍しており、特にビギーについて造詣が深く、とても濃厚な作品となった。

この頃になると、ヒップホップやラップ全体ではなく、『8 Mile』や『ノトーリアスB.I.G.』のようにアーティスト個人の物語が語られるようになる。ドキュメンタリーも同じ現象が起きていた。90年代後半に東西ラップ闘争の渦中にいて、残念ながら殺害されたトゥパック・シャクールとビギーの仲を追った『ビギー&トゥパック』(2002年)。そしてそのトゥパック・シャクールを追った『トゥパック　レザレクション』(2003年)。ジェイ・Zのライブを追う『ジェイ・Z/フェイド・トゥ・ブラック』(2004年)などである。日本では劇場未公開ではあるが、DVDなどのソフトで販売され、TVで放映されたりもしている。

この時期のヒップホップなドキュメンタリー映画と言えば、日本でも劇場公開され、大きなインパクトを残した『RIZE　ライズ』(2005年)を忘れてはいけない。ロサンゼルスのアンダーグラウンドで生まれたダンス「クランプ」がこの映画で紹介され、日本にも輸入された。この映画を観てクランプを始めたとインタビューなどで語っている1人が、EXILEや三代目J Soul Brothers from EXILE TRIBEのメンバーである岩田剛典《いわたたかのり》である。彼はその後、クランプのダンス大会で優勝を果たし、現在は芸能界の第一線でダンスだけでなく俳優としても活躍している。つまりこの作品は、80年代のダンス映画のように観客の人生を変えてしまうほどインパクトある1本だったのだ。作品をきっかけに未知の世界を知り、影響を受け、新しいことを始めていく……これはまさに映画のマジックだ。

南部のラッパーにだって言いたいことはある

２００５年、またヒップホップ映画の流れを変える作品が完成した。南部のアンダーグラウンドなラップの世界を描いた『ハッスル&フロウ』（２００５年）だ。主演のテレンス・ハワードは、ラッパーとして成功することでどん底の生活から抜け出そうとする男を演じて、アカデミー主演男優賞にノミネートされた。しかもこの映画の主題曲「It's Hard Out Here for a Pimp」がアカデミー歌曲賞を受賞。黒人ラップ・アーティストとして、スリー・６・マフィアの３人が初めてオスカーを手にしたのだ。そしてその受賞式で、３人と女優のタラジ・P・ヘンソンがその曲を披露したパフォーマンスも、ラップ界の伝説となっている。

前章でも触れたソース・アワードにて、アウトキャストのアンドレ３０００が「南部のラッパーにだって言いたいことはある」と語ったことは南部ラップの歴史的な瞬間になった。それから10年後、映画の世界でも「南部のラッパーの言いたいこと」が作品となって、語られたのだ。そしてその物語がアカデミー賞で評価されたのは、南部ラップのファンにはまさに胸熱で感動的なことであった。

南部ラップの勢いをそのままに作られたのが『ATL』（2006年／日本未公開）だ。『ATL』は、アトランタの略で、ATL出身のT.I.が主演した青春コメディである。監督は同じくATL出身で、T.I.やモニカなどのミュージックビデオで知られるクリス・ロビンソンが担当した。TLCのT－ボズや、TLCのプロデューサーで知られるダラス・オースティンらがプロデューサーとして参加し、まさにアトランタ一色！　な作品で、「ワッフル・ハウス」という南部を拠点にフランチャイズしているワッフル・レストランの店員（モニカ）が派手で態度が悪い……など、「南部あるある」を面白くネタにしている。本作はアメリカでは若い世代を中心にカルト映画となっており、今でもSNSを中心にこの映画のことを語っている人々を見かけるが、残念ながら日本では未公開である（現在、続編が制作中とも伝えられている）。

南部ラップを広めたアウトキャストの2人が主演した『アイドルワイルド』（2006年）というミュージカル作品もある。これは彼らのミュージックビデオを担当しているブライアン・バーバーが映画長編初監督に挑んだ作品で、舞台を禁酒法時代の南部にしており、アウトキャストとブライアン・バーバーらしい独特な世界観で美しく楽しい南部を描いている。

ティーン向けの青春コメディ

この時代、10代の実力派アイドル・ラッパーとしてティーンに非常に高い人気を誇っていたバウ・ワウがティーン向けの青春コメディの主演俳優として活躍する。『ロスト・キッズ』（2002年）では、15歳の若さで主役を務めた。「MJ（マイケル・ジョーダン）」と書かれたシューズを手にいれた少年が、その靴を履いてバスケットボールをすると凄い才能を発揮して……という子供向けのファンタジー映画である。ヴィンス・カーターやアレン・アイバーソンといった名だたるNBA選手が本人役で登場したことも話題になり、興行成績6200万ドルという好成績を残した。

続いて主演した青春コメディ映画『ロール・バウンス』（2005年）では、『アンダーカバー・ブラザー』のマルコム・D・リーが監督して1970年代シカゴのローラースケート文化が描かれた。ニック・キャノンやミーガン・グッドなど、当時ティーンに人気だった俳優が集結している。翌年には日本が舞台の『ワイルド・スピード X3 TOKYO DRIFT』（2006年）にも出演し、学ラン姿を披露して話題になった。

このように2000年代のヒップホップ映画では様々な人々がマルチな活躍を見せた。この時代を表すには「枠にはまらない」という言葉がピッタリであろう。そして、(全てではないが)ここで紹介した映画のサウンドトラックはヒップホップのコンピレーションアルバム的に、音楽面でも大いに話題になった。

＊1：1955年、人種隔離が行われていたアラバマ州モントゴメリーにて、仕事帰りにバスの座席を白人乗客のために譲ることを拒否し、ジムクロウ法に抵触したとして逮捕された42歳の女性だ。もちろん彼女は「ただ座っただけ」ではなく、NAACP（全米有色人種向上教会）に所属しており、人種差別への抗議のためにあえて逮捕されたのだ。彼女の逮捕をきっかけにバスボイコットが始まり、それを指導したのが、モントゴメリーの教会に牧師としてやってきたばかりのキング牧師である。キング牧師は、当時26歳の若さだった。

＊2：カナダの東に位置する突き出た半島ノヴァ・スコシア。アメリカとイギリスが戦った独立戦争で、イギリス側につけば奴隷から開放されると言われ戦争に参加した黒人たちがいた。しかし戦争で敗れ、彼らはカナダのノヴァ・スコシアに送られた。彼らのことをブラック・ノヴァ・スコシアという。カナダ版『ルーツ』（1977年）のようなTVミニシリーズ『The Book of Negroes』（2015年／日本未公開／TV映画）では、そのことに少し触れられている。興味深い歴史なので、是非調べてみて欲しい。ザ・ロック（ドウェイン・ジョンソン）には、彼らの血とサモアの血が流れている。

Barbershop
バーバーショップ
2002

監督●ティム・ストーリー
脚本●マーク・ブラウン、ドン・D・スコット、マーシャル・トッド
出演●アイス・キューブ、アンソニー・アンダーソン、セドリック・ジ・エンターテイナー、ショーン・パトリック・トーマス

シカゴにある理髪店を舞台にしたコメディ。ブラックカルチャーへの理解度によっては分かり難いジョークもあるものの、脚本が素晴らしく、笑えるうえにきちんと「生きた会話」になっている。俳優陣は、一人一人が個性を十分に発揮している。アイス・キューブは、メインを張るにふさわしい風格と落ち着きがあるし、アンソニー・アンダーソンとラマード・テイトは、彼らのコミカルな部分がよいスパイスとなっている。セドリック・ジ・エンターテイナーは『星の王子ＮＹへ行く』でエディ・マーフィーが変身した床屋さんをパワーアップさせたような好演だ。

Scary Movie
最終絶叫計画
2000

監督●キーネン・アイヴォリー・ウェイアンズ
脚本●ショーン・ウェイアンズ、マーロン・ウェイアンズ　他
出演●ジョン・エイブラハムズ、カーメン・エレクトラ、アンナ・ファリス、ショーン・ウェイアンズ、マーロン・ウェイアンズ

ウェイアンズ・ファミリー最大ヒット作となった、ホラー映画のパロディコメディ。『スクリーム』(1996年)をベースに、『ラストサマー』(1997年)などのティーン向けホラーから、サスペンス映画『ユージュアル・サスペクツ』(1995年)まで取り入れている。ウェイアンズ・ファミリーらしい、これでもか！　というほど過激なジョークでティーン向け映画に突っ込みを入れて、観客を笑わせる。映画だけではなく、当時流行していたＴＶコマーシャルの要素なども入っており、あらゆるティーン文化をごちゃ混ぜにしているのも愉快だ。

監督●デビッド・ラシャペル
出演●トミー・ザ・クラウン、ラリー・ベリー、リル・C

Rize
ライズ

2005

非常に治安の悪いサウス・ロサンゼルス地区を舞台に、トミー・ザ・クラウンという人物が「クラウンダンス(クランプダンス)」を広めていった様子を描いたドキュメンタリー。この地区には「クリップス」と「ブラッズ」という悪名高い2大ストリートギャング集団が存在し、家庭が崩壊して行き場を失った少年たちの受け皿となっている。トミーは、子供たちにダンスを広めることで彼らの新しい居場所を作った。ゲトーに住む子供たちはダンスに夢中になることで、心が大きくバウンスしてRIZE（上昇）し、貧困や暴力という現実の壁を越えていくのだ。

CHAPTER 4

2010年代

危機を迎えた時、賢者は橋をかけますが、
愚者は壁を作ります。我々をひとつの民族だと思って、
お互いの心に橋をかけていきましょう。
——ティ・チャラ

In times of crisis the wise build bridges, while the foolish build barriers.
We must find a way to look after one another,
as if we were one single tribe.
——T'Challa

『ブラックパンサー』(2018年)より

若手黒人監督の活躍

スパイク・リーの教え子たち

前章でも書いたが、黒人監督は徐々に増えつつある。しかも、大学の映画学科で学んだ「スパイク・リー型」の監督たちが多い。というのも、スパイク・リー本人が母校ニューヨーク大学の映画学科で1993年辺りから教壇に立って映画を教え、彼の元で学んだ生徒たちが、今は立派な映画監督として大活躍しているのである。もちろん俳優としてキャリアをスタートし、現場で映画作りを学んだ「ロバート・タウンゼントやキーネン・アイヴォリー・ウェイアンズ型」の映画監督も誕生しているし、他の分野で評価された人が映画監督に転身するパターンもある。さらに今は黒人映画監督ブームが起きており、監督や俳優だけでなく裏方の仕事でも黒人の作り手の活躍が多くなってきている。

日本ではＴＶで放映された『アリーケの詩（うた）』（２０１１年）で長編デビューを飾ったディ・リースは、ニューヨーク大学で学んだスパイク・リーの教え子の１人だ。デビュー前から熱心な学生だったリースは、授業後もスパイクの元に駆け寄り、様々なアドバイスをもらっていたという。『アリーケの詩（うた）』は、彼女が学生時代に作ったショートフィルムを元に長編映画としてリメイクした作品で、スパイク・リーが制作総指揮として参加している。スパイクは、教え子に自分の名前を貸すのを躊躇しない。学生時代に自分の映画の資金繰りに苦労した彼は、有名な人物が制作に関わっていると資金獲得が容易《たやす》くなることをよく知っているからだ。『アリーケの詩（うた）』はリース監督の半自伝的な作品で、多感な17歳の女の子が悩みながら自分のセクシュアリティを知り、自ら選んだ道を力強く生きて行こうとする。

リースは次にブルースの女王ベッシー・スミスの半生を描いたＴＶ映画『ＢＥＳＳＩＥ／ブルースの女王』（２０１５年）を制作。この作品でエミー賞をはじめ、多くの賞を受賞し成功を収めた。サンダンス映画祭でプレミア上映された後、ネットフリックスがストリーミング権利を破格の１２５０万ドルにて落札した『マッドバウンド　哀しき友情』（２０１７年）では、アカデミー賞の脚色賞をはじめ４部門にノミネートを果たした。『マッドバウンド　哀しき友情』はヒラリー・ジョーダン著の同名の小説を映画化し、第２次世界大戦頃のミシシッピ州に住む白人一家と黒人一家の数奇な運命を描いたドラマである。当時のミシシッピ州の田舎町に住む過酷さと、その地で黒人であるという過酷さを描いた素晴らしい作品だった。スパイク・リーが教師としても優秀だということをディ・リースの存在が証明している。

マイケル・ラーネル監督も、ニューヨーク大学のスパイクの元で学んだ1人だ。彼の『Cro-nies』（2015年／日本未公開）は地元ミズーリ州セントルイスを舞台にしたコメディで、スパイクの『ドゥ・ザ・ライト・シング』（1989年）のキャラクター、マーズのような青年が登場する。ラーネルは、80年代のヒップホップ最大の現象となったロクサーヌ騒動の渦中に居た女性ラッパーのロクサーヌ・シャンテを描いた『ロクサーヌ、ロクサーヌ』（2017年）の監督でもある。

そして、『グレート・ディベーター 栄光の教室』（2007年）などへの出演で知られているネイト・パーカーは俳優として活動しながらスパイクの元で映画制作を学んだ。彼は反乱を起こした奴隷ナット・ターナーの戦いを描いた『バース・オブ・ネイション』（2016年）にて長編映画監督デビューを飾った。『バース・オブ・ネイション』はサンダンス映画祭で大賞と観客賞の両方に輝き、大きな注目を集め、アカデミー賞も夢ではないと言われていたが、彼の大学時代の婦女暴行疑惑裁判（パーカーは無罪判決を受けている）が明るみになり、大バッシングを受けた。このスキャンダルが原因で、パーカーは今のところ業界から干されている状態だ。

スパイク・リーはニューヨーク大学の自分の生徒だけでなく、ロケを行う際に映画を専攻している地元の学生たちをインターンとして積極的に起用したりなど、多くの若者にチャンスを与えている。これからディ・リースやマイケル・ラーネルのような若手監督がさらに増えていくことだろう。

ドキュメンタリー出身の監督

『Restless City』（2011年／日本未公開）という作品は、今や第一線で活躍する人々が多く参加している重要な作品だ。監督はナイジェリア出身のアンドリュー・ドスンム。ドキュメンタリー映画『Hot Irons』（1999年／日本未公開）がアフリカ映画祭最大のフェスパコ祭でドキュメンタリー作品賞を獲得したことで、監督として知名度を上げた。

『Restless City』は、セネガルからニューヨークにやってきた21歳の移民の青年が主役だ。この映画に出演していたのが後に『ブラックパンサー』（2018年）にも出演するダナイ・グリラである。ドスンム監督は次作『Mother of George』（2013年／日本未公開）でグリラを主役に抜擢する。こちらの作品もアフリカ移民のアメリカでの苦悩が描かれており、様々な賞にノミネートされ、とりわけグリラの演技が評価された。なおこの頃にグリラは人気TVシリーズ『ウォーキング・デッド』（2010年〜）にミショーン役で出演している。

公民権運動家マーティン・ルーサー・キング・ジュニア牧師のアラバマ州セルマでの戦いを描く『グローリー／明日への行進』（2014年）のエヴァ・デュヴァネイ監督は元々、ロサンゼルスのアンダーグラウンドで活動するラッパーだった。そんな彼女のルーツとも言えるのは、ラップのオープンマイク（誰でも飛び込みで参加出来るパフォーマンス）を追ったドキュメンタリー『This Is the Life』（2008年／日本未公開）である。この映画の舞台はロサンゼルスのサウスセントラルにあった「グッド・ライフ・カフェ」。ここは知る人ぞ知るカルト人気スポットで、アイス・キューブやスヌープ・ドッグらが腕試しのために出演したことがあるほか、ファット・ジョーにいたってはニューヨークからはるばる「グッド・ライフ・カフェ」にやってきたが、ブーイングされてしまったという悲しい過去を持つ。『This Is the Life』を撮るまで、デュヴァネイは様々な映画の広報・宣伝を担当しており、『スパイダーマン2』（2004年）や『ドリームガールズ』（2006年）などに関わっていた。

そして彼女の初のドラマ監督作品『I Will Follow』（2010年／日本未公開）が完成する。アラフォーの主人公（サリ・リチャードソン＝ホイットフィールド）はバリバリのキャリアを築いていたが、仕事を一旦休んで叔母（ビバリー・トッド）の介護をしていた。その叔母が亡くなり、様々な人々と衝突していく中で改めて自分の人生を見つめなおすという物語だ。

次作『Middle of Nowhere』（2012年／日本未公開）ではロサンゼルスを舞台に、囚人となった夫（オマリ・ハードウィック）とその夫を献身的に待つ妻（エマヤツィ・コリネアルディ）、そして妻と関わることになるバス運転手（デビット・オイェロウォ）のドラマを描いた。この作品でデュヴァネイはサンダンス映画祭の監督賞を受賞した。これで注目を集めた彼女は、日本でも劇場公開された『グローリー／明日への行進』を完成させる。この作品でなんとアカデミー賞作品賞へのノミネートを果たし、歌曲賞を受賞している。『グローリー／明日への行進』に出演した黒人芸能界のドンとも言えるオプラ・ウィンフリーと出会って太いパイプを得たことが、今のデュヴァネイの活躍を支えている。

デュヴァネイはウィンフリーのTV局「OWN」にて、『Queen Sugar』（2016年〜／日本未放映）というTVシリーズを制作し、女性監督だけで1シーズンを作り終えたりと、映画業界への女性の進出に積極的に貢献している。ネットフリックス制作の『13th —憲法修正第13条—』（2016年）は、アカデミー賞ドキュメンタリー部門にノミネートされた。これは奴隷制を禁止した「憲法修正第13条」が形を変え、黒人が不当に逮捕され刑務所での労働を強いられているというシステムを描いたドキュメンタリーである。

天才的な撮影監督ブラッドフォード・ヤング

エヴァ・デュヴァネイやディ・リースやアンドリュー・ドスンムの作品には、今のブラックムービー界を支える重要な人物も参加している。撮影監督のブラッドフォード・ヤングだ。ヤングは、名門黒人大学ハワード大でハイレ・ゲリマの元で映画を学んだエリートである。彼の教師であるハイレ・ゲリマは、70年代にUCLAで「LAの反逆者たち」と呼ばれた映画監督の1人だ。ヤングは、ドスンムの『Restless City』や『Mother of George』、ディ・リースの『アリーケの詩《うた》』、エヴァ・デュヴァネイの『Middle of Nowhere』や『グローリー／明日への行進』の撮影監督を担当している。彼の撮影する映像は、人口の光を極力使っていないにもかかわらず鮮やかで美しい。この映像美が最大の魅力だ。

元々ファッションデザイナーやフォトグラファーだったドスンム監督の『Restless City』では鮮やかな色使いが美しく、その美しさを見事に映し出したヤングの才能に多くの人が驚かされた。『アリーケの詩《うた》』や『Mother of George』で2度もサンダンス映画祭の撮影賞を受賞したヤングは、にわかに注目を集めるようになった。彼の才能はブラックムービーだけに留まらず、『セインツ―約束の果て―』（2013年）などの作品にも携わり、『メッセージ』（2016年）ではアカデミー撮影賞に黒人として初めてノミネートを果たした。『スター・ウォーズ』シリーズの『ハン・ソロ／スター・ウォーズ・ストーリー』（2018年）にも参加するなど、今やハリウッドで引っ張りだこの撮影監督の1人だ。

RZAのカンフー映画

ラップ・グループ、ウータン・クランのリーダーであるRZAは、元々カンフー映画オタクとして有名だった。その趣味が高じて、RZAはカンフー映画『アイアン・フィスト』（2012年）にて監督デビューを果たす。彼は音楽業界で成功して知名度や人望があるので、監督デビュー作でいきなりラッセル・クロウやルーシー・リューなどのスターを起用することに成功。RZAならではのカンフーアクションや音楽へのこだわりが垣間見える唯一無二の映画となった。続編『アイアン・フィスト2』（2015年）も制作されたが、RZAはなぜか監督は担当せず、主演と脚本だけに留まっている。

RZAの監督作では、ヒップホップなラブコメディ『愛・ビート・ライム』（2017年）もオススメしたい。女性ラッパーのアジーリア・バンクスが主演し、メソッド・マンやコモンやジル・スコットというミュージシャンも参加している。ラッパーとして才能に恵まれてはいたが、なかなか売れない女性（アジーリア・バンクス）が、大学で出会った詩の世界で、ラッパーとしての新たな才能を開花させるストーリーだ。

注目監督リスト

２０１０年に入ってからは黒人監督の台頭が凄まじく、全てを紹介するのはページ数の都合でさすがに難しい。しかしながら、個別にじっくりと紹介したい作品はまだまだある。なので、本項の締めくくりとして読者の皆さんにぜひチェックして欲しい監督名と代表作、注目プロジェクトをリスト形式で紹介したい。なお、本書の他のページで名前を出した監督は割愛させて頂いた。興味のある方は、筆者のサイト（http://www.blackmovie-jp.com/）で作品の詳細を探して頂ければ幸いだ。

『ムーンライト』（２０１６年）のバリー・ジェンキンス監督の活躍について、デンゼル・ワシントンがＮＡＡＣＰイメージアワードで会場に集まった人々に向けてこう語ったことがある。

「ジェンキンス監督は『ムーンライト』を作るために、諦めずに何本もショート映画を撮り続けた。監督になるのは簡単なことじゃない。でも諦めないで欲しい。私、デンゼル・ワシントンだって、途中で諦めていたら、ここには存在していなかったんだ。七転び八起きだ。今度、撮影で会おう！」

ヴィクトリア・マホニー

『Yelling to the Sky』（2011年／日本未公開）

『スター・ウォーズ エピソード9』（2019年公開予定／タイトル未決定）〈セカンド・ユニット監督（第2班監督）〉

アンソニー・ヘミングウェイ

『Red Tails』＊1（2012年）

『アメリカン・クライム・ストーリー／O・J・シンプソン事件』（2016年／TVミニシリーズ）

デヴィッド・E・タルバート

『悪党（ワル）にもラブソングを！』（2008年）

『30日の婚活トラベル』（2013年）

ジェラルド・マクマーレイ

『フルートベール駅で』（2013年）〈プロデューサー〉

『ヘルウィーク』（2017年）

『The First Purge』（2018年／日本未公開）

チャールズ・マーレイ

『Things Never Said』（2013年／日本未公開）

『Marvel ルーク・ケイジ』（2016年〜）〈エクゼクティブ・プロデューサー〉

トミー・オリヴァー

『1982』（2013年／日本未公開）

『キニアルワンダ』（2011年）〈プロデューサー〉

J・D・ディラード

『インフィニット』（2016年）

サシャ・ジェンキンス

『Fresh Dressed』（2015年／日本未公開）

『RAPTURE ヒップホップの世界』（2018年）

タンヤ・ハミルトン

『Night Catches Us』（2010年／日本未公開）

テレンス・ナンス

『An Oversimplification of Her Beauty』（2012年／日本未公開）

クワシム・バシア

『Mooz-Lum』（2010年／日本未公開）

ここで名前を挙げた監督たちも、沢山のショート映画を撮り続け、インディペンデンス系の映画祭、TVの仕事などを経て、ようやく今のポジションにたどり着いたのだ。

＊1：レッド・テイルズ。タスキーギ・エアメンと呼ばれる黒人名門大タスキーギ大学に集められた、エリート黒人空軍部隊の通称。彼らが使用していた戦闘機の尾翼が赤く塗ってあったことから、レッド・テイルズと呼ばれるようになった。

日本未公開

Red Tails

2012

第二次世界大戦で活躍した黒人部隊「タスキーギ・エアメン」を壮大なスケールで描いた一本。正直、アメリカの黒人が直面する社会問題を描いたという意味では、本作と同じくタスキーギ・エアメンを描いた『ブラインド・ヒル』（1995年）の方が見ごたえがある。だが、壮大なスケールで描かれる戦闘シーンには目頭が熱くなる。主人公たちが当時「自分たちが出来ること」を社会に証明しなければならなかったように、本作は黒人俳優の映画に予算を出さないハリウッドへの異議申し立てでもある。大役を請け負った、若き俳優たちの熱気も感じられる作品だ。

監督●アンソニー・ヘミングウェイ
脚本●ジョン・リドリー、アーロン・マクグルーダー
出演●テレンス・ハワード、キューバ・グッディング・ジュニア、ネイト・パーカー

Mudbound

マッドバウンド　哀しき友情

2017

第二次世界大戦直後のミシシッピ州を舞台に、綿花農場で働く白人一家と黒人一家の苦悩を描く。冒頭からラストまで無駄なところが一切ない名作である。終盤で様々な伏線が点と点とで結ばれ、回収されていく様は圧巻だ。ヒラリー・ジョーダンの原作を、ウィリアム・フォークナー（南部が生んだアメリカを代表する文豪の一人）の土俗的な世界観すら感じさせる映像に仕上げた監督の手腕は見事。メアリー・J・ブライジをはじめとするキャストの名演技も必見だ。ハップを演じたロブ・モーガンが聖書を読むシーンは、その聖書の意味を知ると鳥肌が立つ。

監督●ディー・リース
脚本●ディー・リース、ヴァージル・ウィリアムズ
出演●キャリー・マリガン、ジェイソン・クラーク、メアリー・J・ブライジ

『ムーンライト』とアカデミー賞

授賞式で起こった悲劇

2017年2月26日、ブラックムービーの歴史に新たな1ページが加わった。バリー・ジェンキンス監督の『ムーンライト』（2016年）が第89回アカデミー作品賞を受賞したのだ。そんな歴史的な日に、悲劇が起きた。アカデミー協会の不手際で受賞者の名前が書かれた封筒がプレゼンターに渡され、誤って「第89回アカデミー作品賞は『ラ・ラ・ランド』（2016年）！」と発表されてしまったのだ。後から慌てて「正しくは『ムーンライト』でした！」と訂正されたが、それで「はい、そうですか」とすぐに受け入れられる人は少なかった。ブラックムービーの歴史の新たな1ページとなるはずだった素晴らしい瞬間は、全くスッキリしない最悪な形でスタートしてしまったのである。

『ムーンライト』は、確実にオスカーに値する作品だった。そしてこの授賞にたどり着くまでも、これまたスッキリしない残念な歴史がアカデミー賞にはある。第一、なぜブラックムービーがオスカーを取るのに89年もかかったのか？　本書で繰り返し言及してきたように、そこには根深い問題がある。『ムーンライト』に至るまでの歴史がそれを証明しているのだ。

バリー・ジェンキンス監督

『ムーンライト』のバリー・ジェンキンス監督は、1979年フロリダ州マイアミ生まれ。「フロリダ州と言えばアメリカン・フットボール」というほどアメフトが盛んな地域で、高校時代にはアメフト選手として名を馳せた。そしてそのアメフトの名門大学フロリダ州立大に進み国語教師を目指していたが、あともう少しで卒業というところで「フィルム・スクール」の看板を大学で見つけ、「『ダイ・ハード』（1988年）が好きだからやってみるか」と参加してみた。大学卒業間近だったにもかかわらず、1年休学して映画の勉強に専念したのである。そうして出来た映画が処女作『My Josephine』（2003年／日本未公開）という短編だった。ジェンキンス監督は大学を卒業し、ハリウッドに移住して黒人エンタメ界女帝オプラ・ウィンフリーの映画会社に入社。しかし映画を撮る機会には恵まれず、傷心してサンフランシスコに移り、インディペンデンス映画『Medicine for Melancholy』（2008年／日本未公開）を完成させた。

『Medicine for Melancholy』を撮る前にジェンキンス監督が観た作品が、「LAの反逆者たち」のチャールズ・バーネット監督『Killer of Sheep』（1978年／日本未公開）だった。『Killer of Sheep』が完成した1978年は既にカラー映画の時代であったが、こだわりをもってモノクロで撮影された1本である。起承転結はないが、イタリアのネオリアリズムに影響された作品でもある。これに影響を受けた『Medicine for Melancholy』は、モノクロではないがセピア調の映像美が堪能出来るオシャレな作品で、大人の恋愛を描いているが、やはり起承転結をあまり感じない作品であった。この作品は、映画の舞台となったサンフランシスコのサンフランシスコ映画批評家サークルにて、マーロン・リッグス賞を受賞している。

性的マイノリティを描いた映画

今名前を出したマーロン・リッグスは、『ムーンライト』を語る上で欠かせない重要人物だ。リッグスは、ハーバード大学・大学院を主席で卒業した映画監督・詩人で、LGBT活動家でもあった。彼が制作した映画が『Tongues Untied』（1989年／日本未公開）だった。『Tongues Untied』は、同性愛や性の多様性における文化や理解を求める活動において、非常に重要な作品のひとつである。同じ年にはイギリスにてアイザック・ジュリエンが『ルッキング・フォー・ラングストン』（1989年）を制作。1989年という年に、アメリカとイギリスで同時に黒人LGBTにとって金字塔的な映画が作られているのだ。

ニューヨークのアンダーグラウンドなパーティ「ボール」に集まった同性愛者たちが美しさを競い合うボール文化を描いた『パリ、夜は眠らない。』（1990年）がニューヨーク大学の学生によって作られ、ベルリン国際映画祭やサンダンス映画祭をはじめ、数々の賞を受賞した。これは今でも多くのファンを惹きつける不朽の名作ドキュメンタリーだ。

リッグスは1994年に亡くなり、その後シェリル・デュニエという監督の新星が生まれる。彼女は『ウォーターメロン・ウーマン』（1996年）を制作した。これは「ウォーターメロン・ウーマン（スイカ女）」と呼ばれる1930年代に活躍していた女優について主人公（シェリル・デュニエ）が調べていくと、彼女は自分と同じレズビアンだった……という物語だ。この作品で、デュニエはベルリン国際映画祭の優秀なLGBT映画に贈られるテディ賞を受賞した。

同じ年にはF・ゲイリー・グレイ監督作『Set It Off』（1996年）がヒットしている。この作品はLGBTが主題ではなかったが、クイーン・ラティファ演じた女性がレズビアンという設定であった。ヒット作品でようやくLGBTが普通に登場するようになったのである。

スパイク・リーから映画作りを学んだディィ・リース監督は、レズビアンの少女を描いた『アリーケの詩（うた）』（2011年）でLGBT関連の映画賞だけでなく、サンダンス映画祭やゴッサム賞などのインディペンデンス系でも受賞した。この時にサンダンス映画などで競ったのが、ラシャード・エルネスト・グリーン監督の『Gun Hill Road』（2011年／日本未公開）だ。『Gun Hill Road』は、刑務所から帰ってきた父親がトランスジェンダーである高校生の息子（ハーモニー・サンタナ）を受け入れられるのか？　という物語で、ハーモニー・サンタナの演技やグリーン監督が称賛されている。

このようにインディペンデンスではLGBT映画が積極的に作られており、ブラックムービーも例外ではない。LGBTが登場する映画には、監督自身の経験が元になっている場合もあれば、『パリ、夜は眠らない。』や『Set It Off』のように客観的な視点を持っている作品もある。『ムーンライト』は監督自身の経験ではないものの、主人公の気持ちに寄り添うことで出来た名作だ。

黒人監督の健闘

話をアカデミー賞に戻そう。『ヘルプ ～心がつなぐストーリー～』（2011年）で、ヴァイオラ・デイヴィスがアカデミー主演女優賞にノミネートされ、オクタヴィア・スペンサーが助演女優賞を受賞した。しかし、1960年代の南部を舞台にしたこの映画は「時代背景があるかもしれないが、未だに黒人女性がメイド役を演じ、それでアカデミー賞に選ばれるのは時代錯誤」という批判も生じた。この年は、ドキュメンタリー部門で『アンディフィーテッド 栄光の勝利』（2011年）のT・J・マーティンが、共同監督・制作のダニエル・リンゼイと共に受賞し、マーティンは黒人監督として初めて、ドキュメンタリー部門ではあるが長編の作品賞を受賞した。

6歳のハッシュパピー（クヮヴェンジャネ・ウォレス）が、ルイジアナ州の「バスタブ」と呼ばれている島でたくましく生きて行く姿を描いたインディペンデンス映画『ハッシュパピー ～バスタブ島の少女～』（2012年）は、サンダンス映画祭で上映されるやいなや話題となり、大賞を受賞した。続くカンヌ国際映画祭でも大賞を受賞し、賞レースの目玉として注目された。本戦のアカデミー賞でも作品賞・主演女優賞・脚色賞・監督賞の4部門にノミネート。主演女優賞にノミネートされたクヮヴェンジャネ・ウォレスは、最年少ノミネート（当時9歳）という記録を樹立している。『ジャンゴ 繋がれざる者』（2012年）では、レジナルド・ハドリンがプロデューサーとして作品賞にノミネートされ、『フライト』（2012年）で、デンゼル・ワシントンが主演男優賞にノミネートを果たした。

次の年には、イギリス人監督のスティーヴ・マックイーンが『それでも夜は明ける』（2013年）にて、黒人監督として初の作品賞を受賞した。この映画は、ソロモン・ノーサップという自由黒人が策略にはまり、南部で捕らわれ、12年間も奴隷にさせられてしまうという実話を元した作品である。主演のソロモン・ノーサップを演じたキウェテル・イジョフォーが主演男優賞にノミネート。奴隷の女性を演じたルピタ・ニョンゴが見事助演女優賞を獲得した。さらに同作品からは、ジョン・リドリーが脚色賞を受賞した。『キャプテン・フィリップス』（2013年）でソマリアの海賊を演じたバーカッド・アブディは助演男優賞にノミネートされている。そしてデイヴ・カードウェルがテクニカル・アチーブメント賞を受賞し、表舞台だけでなく裏方も評価されて、ブラックムービーにとって非常に充実した1年となった。が、しかし、次の年に事件は起きる……。

#OscarsSoWhite（オスカーは白過ぎる）

2015年1月15日早朝、毎年恒例となっているアカデミー賞ノミニーが発表された。その直後、Twitterにて「#OscarsSoWhite（オスカーは白過ぎる）」というハッシュタグがトレンド入りする。このハッシュタグを作ったのが、有名ブロガーのエイプリール・レイン。ノミネートが発表された主要個人部門（主演男優・女優、助演男優・女優、監督）賞は、メキシコ人のアレハンドロ・ゴンサレス・イニャリトゥ以外、全て白人だったのだ。レインはとりわけ『グローリー／明日への行進』（２０１４年）が作品賞と歌曲賞以外でノミネートされなかったことに不満を感じ、「アカデミー会員の94％が白人で、76％男性、そして平均年齢が63歳……彼らが『グローリー／明日への行進』に関心を持ったとは思えない」と厳しく非難した。彼女の意見にスパイク・リー監督や女優のジェイダ・ピンケット＝スミスが賛同したことでますます「#OscarsSoWhite」は拡散していき、大きな論争を生んだ。ブラックムービー界隈でこの年のアカデミー賞を獲得したのは『グローリー／明日への行進』の歌曲賞と、ハリー・ベラフォンテの功労賞のみであった。

驚くべきことに、この次の年もアカデミー会員の姿勢は全く変わらなかった。まるで「#OscarsSoWhite」に反発するかのように、黒人たちを無視したのだ。ブラックムービーでノミネートしたのはなんと『ストレイト・アウタ・コンプトン』（２０１５年）の脚本のみ。しかもその脚本家たちが白人だったという、完璧なオチまである。そして罪滅ぼしのつもりなのか、わざとらしくスパイク・リーに功労賞が贈られている。

面白いのが、この時期のアカデミーの最高責任者はシェリル・ブーン・アイザックという、

『トゥパック レザレクション』（2003年）のマーケティングを担当した黒人女性だったということだ。彼女は、#OscarsSoWhite 以降、黒人だけでなくアジア系や女性、若者を積極的にアカデミー会員にしていき、問題解決を図ろうとした。この動きはアイザックが責任者を後任に引き継いだ今現在も続いており、2018年に選ばれた新会員たちは、女性やアジア系が目立ったことがニュースになっている。

2017年のアカデミー賞

2017年になって、ようやく歴史が動いた。冒頭で書いた通り、『ムーンライト』がアカデミー作品賞に選ばれたのだ。この作品は、作品賞・脚色賞・監督賞・助演女優賞（ナオミ・ハリス）・助演男優賞（マハーシャラ・アリ）・撮影賞・編集賞・作曲賞の8部門でノミネートし、作品賞・脚色賞・助演男優賞の3部門でオスカーを獲得した。この項でだけでなく、本書でずっと書き続けているように、これは一朝一夕では成し遂げられない、本当に難しいことだったのだ。シドニー・ポワチエが以前語ったように、長い、長い旅だった。読者の皆さんは「あれ？ 『それでも夜は明ける』は？」と思われるかもしれない。確かにあの時も素晴らしい瞬間だった。しかし『それでも夜は明ける』のスティーヴ・マックイーン監督はイギリス人で、『ムーンライト』のバリー・ジェンキンス監督がアメリカ出身であるということは重要だ。

恐らく、ジェンキンス監督の祖先は元奴隷である。つまり、多くのアメリカの黒人と同じルーツをジェンキンス監督は歩んできている。しかも、『ムーンライト』で描かれた黒人キャラクターは奴隷でもメイドでもなかった。少年期〜ティーン期〜青年期を通して1人の男性の性アイデンティティを丁寧に描くことで、主人公の男性がどうしてそこにたどり着いたのかが、痛いほどに観客に伝わってくる。見事アカデミー助演男優賞に輝いたマハーシャラ・アリをはじめとする俳優たちの名演技が、その描写をより鮮明にし、私たちの心を深く抉《えぐ》った。さらには、監督が大好きだと語っていた『Killer of Sheep』（1978年）をはじめとする名作を思わせるシーンに、フロリダを感じる鮮やかで美しい色使い、そしてヒップホップの独特な「チョップド&スクリュード」と呼ばれている音をスローにリミックスしたサウンドトラックなど、『ムーンライト』はジェンキンス監督のこだわりを随所に強く感じさせる作品だった。

そのうえ、アカデミー賞を狙って作ったようなあざとさを微塵も感じさせず「自分の語りたい物語を、こだわりをもって丁寧に語る」という点には、スパイク・リーイズムを感じる。そう、まさにパブリック・エナミーの曲「Burn Hollywood Burn」で言及されたように「メイドや使用人役じゃなく、1人の人間をしっかりと描く、スパイク・リーみたいな映画を俺たちで撮ろうぜ」という志を持って作られた作品がアカデミー賞を獲得したのだ。

しかもこの年には、『フェンス』（2016年）にてデンゼル・ワシントンが主演男優賞だけでなく、監督としても初のノミネートを果たし、ワシントンの妻を演じたヴァイオラ・デイヴィスが助演女優賞を初受賞した。この『フェンス』という作品はピューリッツァー賞も受賞している舞台演劇の名作の映画化だ。初演の80年代から何度も映画化の話が出ていたが、原作者のオーガスト・ウィルソンは「黒人の監督でなければ、映画化の許可は絶対に出さない」と語っていた。この物語を必死に守り続けた彼は2005年に他界しているが、遺族は「オーガストは天国でこの映画のことを喜んでいると思います」とコメントしている。オーガストは生前に映画化のための脚本も書き遺しており、死後となったが、アカデミー脚色賞にノミネートされた。

他にも3人の女性がNASAのマーキュリー計画に携わったという伝記映画『ドリーム』（2016年）が作品賞・助演女優賞（オクタヴィア・スペンサー）・脚色賞の3部門でノミネートを果たした。アメリカの異人種カップルの結婚を法律で認めさせたラヴィング夫妻を描いた『ラヴィング　愛という名前のふたり』（2016年）では、エチオピアとアイルランド出身のルース・ネッガが助演女優賞にノミネートされた。エイリアンとの言葉の対話を描いた『メッセージ』（2016年）では、撮影技師ブラッドフォード・ヤングが撮影賞にノミネート。さらに、ドキュメンタリー部門では、エヴァ・デュヴァネイ監督『13th ―憲法修正第13条―』（2016

年)、ハイチ出身ラウル・ペック監督『私はあなたのニグロではない』(2016年)、ロジャー・ロス・ウィリアムス監督『ぼくと魔法の言葉たち』(2016年)、エズラ・エデルマン監督『O.J.: Made in America』(2016年/日本未公開)というノミネート全5作品中4作品が黒人監督による作品で、エデルマン監督の『O.J.: Made in America』が受賞した。

2017年のアカデミー賞は、ブラックムービーの歴史で最高の瞬間……になるはずだったのだ。あの受賞者間違い事件さえ起きていなければ……。

12 Years a Slave
それでも夜は明ける

2013

自由黒人だったにもかかわらず、罠にかけられて12年間も奴隷として扱われた実在の人物、ソロモン・ノーサップの物語。監督のスティーヴ・マックイーンは、観客の神経を摩り減らすギリギリの描写で過酷な奴隷生活を見せ、最後には感動させる。本作と同じくノーサップの人生を描いたゴードン・パークス監督とエイブリー・ブルックスの作品『Solomon Northup's Odyssey』（1984年／日本未公開）と比較するとやや物足りなさも感じるものの、本作が評価を得たことにより、ノーサップの物語はこれからもずっと語り継がれていく。

監督●スティーヴ・マックイーン
脚本●ジョン・リドリー
出演●キウェテル・イジョフォー、マイケル・ファスベンダー、ベネディクト・カンバーバッチ、ポール・ダノ、ルピタ・ニョンゴ

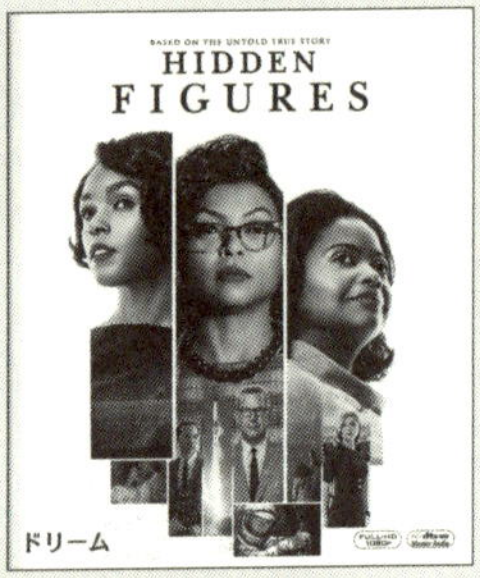

Hidden Figures
ドリーム

2016

公民権運動の波が押し寄せる60年代のアメリカを舞台に、NASAで働く3人の黒人女性の活躍を描いたドラマ。本作はハリウッドでずっと続く「白人監督による黒人映画」である。今の時代、アメリカ社会では黒人女性の活躍が期待され、それを演じるのに丁度いい俳優たちがいる。公開のタイミングも丁度いい。学校で子供たちに観せるのに丁度いい。女性たちが勇気を貰うのに丁度いい。全てにおいて、「丁度いい」のだ！　しかし同じ内容で80年代や90年代にテレビ映画として作られていたら、ここまで評価されたのだろうか？　という疑問は残る。

監督●セオドア・メルフィ
脚本●セオドア・メルフィ、アリソン・シュレーダー
出演●タラジ・P・ヘンソン、オクタヴィア・スペンサー、ジャネール・モネイ、ケビン・コスナー

Fences
フェンス
2016

人気劇作家オーガスト・ウィルソンのブロードウェイ劇『Fences』の映画化。黒人文学・黒人映画・黒人劇共に、その作品の思想は主に2つに分かれる。白人社会との「分離」か「融合」か……である。ウィルソンは「分離」派の作家だった。『Fences』というタイトルには、劇中でボーノ（スティーヴン・ヘンダーソン）が語ったように「フェンスは人を近づけない用途もあるが、中に居る人々を守るという用途もある」という意味がある。ウィルソンは、白人社会と分離することで自分と同胞の信念と誇りを守り続け、そして愛されたのだ。

監督●デンゼル・ワシントン
脚本●オーガスト・ウィルソン
出演●デンゼル・ワシントン、ヴァイオラ・デイヴィス、スティーヴン・ヘンダーソン、ジョヴァン・アデポ

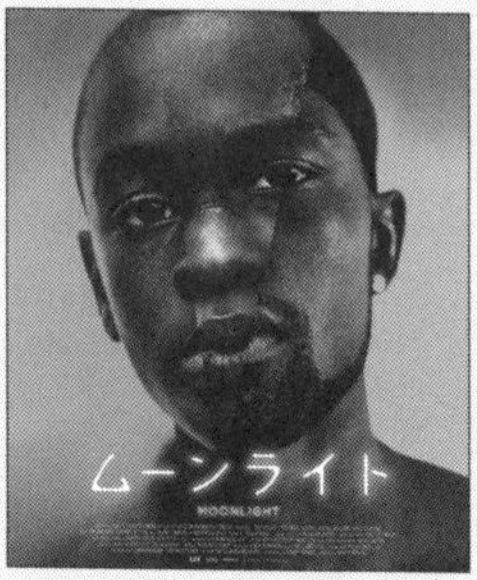

Moonlight
ムーンライト
2016

フロリダ州マイアミを舞台に、少年が大人になるまでを描いた作品で、「マイアミらしさ」が画面から溢れている。原作の戯曲『In Moonlight Black Boys Look Blue』というタイトルや劇中のセリフからも分かるように、月夜に照らされた「青」が非常に印象的だ。同じくマイアミが舞台のドラマ『マイアミ・バイス』でもネオンの「青」が印象的だったが、そのキラキラした拝金主義的なネオンとは違い、本作では朧な月影のように青く主人公を照らし、観客を感傷的にする。マイアミという舞台がキャラクターとひとつになっているのだ。

監督●バリー・ジェンキンス
脚本●バリー・ジェンキンス
出演●トレヴァンテ・ローズ、アシュトン・サンダース、アレックス・ヒバート、マハーシャラ・アリ、ナオミ・ハリス、ジャネール・モネイ

新世代のコメディアン、ケヴィン・ハート

コメディ映画「1億ドルの壁」を突破する男

少し真面目な話が続いたので、この項では新世代のコメディアンを紹介したい。80年代以降、コメディ映画で1億ドル稼ぐということは、黒人喜劇俳優だけに限らずコメディアンにとって難関であった。その関門を突破した数少ない成功者の1人がエディ・マーフィーだろう。マーフィー以外だと、『ラッシュアワー』（1998年）のクリス・タッカーが思い浮かぶが、タッカーは80年代のマーフィーとは違い、彼1人の力で観客を呼んだわけではない。『ラッシュアワー』では相棒役のジャッキー・チェンの方が世界的に有名だったし、ジャッキーの功績はか

なり大きい。

コメディアンにとってそんな厳しい状況が続く近年、興行成績で圧倒的な力を発揮する若手コメディアン／喜劇俳優が誕生した。その男の名はケヴィン・ハートだ。

ハートはスタンダップコメディアンとしてキャリアをスタートした。著者は映画『ソウル・プレイン／ファンキーで行こう！』（2004年）で、初めてハートの存在を知った。『ソウル・プレイン』ではラッパーのスヌープ・ドッグが飛行機のパイロット（！）を演じ、背の低さが特徴的なケヴィン・ハートは主役を演じていた。新人の俳優かと思って調べてみると、スタンダップコメディアンだったのでかなり驚いた記憶がある。彼は、正直なところスタンダップコメディアンとして目立つタイプではなかったのである。

その後は、『40歳の童貞男』（2005年）などの脇役としてハートの顔を見かけた。そしてパロディをちりばめたコメディ『Something Like a Business』（2010年／日本未公開）で、久々に主演として復活したものの……私は正直、この作品を観て「ケヴィン・ハートは終わった」と思ってしまった。ところが、彼は新しい味方をつけた。『ストンプ・ザ・ヤード』（2007年）をヒットさせたプロデューサーのウィル・パッカーと、『バーバーショップ』（2002年）のティム・ストーリー監督である。

この3人が集結した作品が『魔法の恋愛書』（2012年）だ。原作はベテラン・スタンダップコメディアンのスティーヴ・ハーヴィが書いた恋愛指南書である。ケヴィン・ハートだけでなく、『ハッスル&フロウ』（2005年）のタラジ・P・ヘンソン、『バーバーショップ』のマイケル・イーリーに加え、ミュージシャンのクリス・ブラウンやケリー・ローランド（デスティニーズ・チャイルド）やケリ・ヒルソン、さらにはNBAとWNBAの選手もカメオ出演しており、豪華オールスターによる夢の共演が話題になった作品だ。メインキャストはマイケル・イーリーとタラジ・P・ヘンソンであり、ケヴィン・ハートは助演に近かった。本作は惜しくも1億ドルには届かなかったものの9600万ドルを稼ぎ出した。ラブコメでこの数字は大成功と言える。続編『ベガス流　ヴァージンロードへの道』（2014年）も上映され、6500万ドルを稼いだ。

次にハート&パッカー&ストーリーの3人組は、アイス・キューブを加えて『ライド・アロング〜相棒見習い〜』（2014年）を制作する。ハートは、アイス・キューブ演じる警察官の妹の婚約者を演じた。強面のキューブにたっぷりと脅され、元々小さいケヴィン・ハートが余計に縮こまっている様子が面白いコメディである。これがお正月映画として大当たりし、1億3400万ドルを稼いだ。翌々年には続編『ブラザー・ミッション―ライド・アロング2―』（2016年）も制作され、興行成績初登場1位を獲得したが、残念ながら1億ドルには及ばず

9100万ドルを稼いでいる。

劇場公開版ライブコンサート

スタンダップコメディアンにとって、自分の冠ネームが入ったライブコンサート映画をヒットさせることが大きな夢のひとつとなっている。過去にはリチャード・プライヤーの『Richard Pryor Live on the Sunset Strip』（1982年／日本未公開）、エディ・マーフィーの『エディ・マーフィー／ロウ』（1987年）のような伝説的な作品も存在している。しかし残念ながら、今現在そのような劇場公開版ライブコンサートという形で人を呼べるコメディアンは少ない。

そして、時代と共に鑑賞スタイルもビデオ→DVD→ストリーミング（ネットフリックスなど）と形を変えている。ストリーミング時代の現在、特にネットフリックスでは、コンサートを録画するだけで元手の掛からないスタンダップコメディ・ライブの配信に力を入れている。日本でも字幕付きで多くのショウが見られるという良い時代になった。しかしケヴィン・ハートは、あえて劇場公開版のライブ映画にこだわった。

ティム・ストーリーが監督したハートのライブ映画『Kevin Hart: Let Me Explain』（2013年／日本未公開）は、スタンダップコメディ・ライブ映画として歴代4位になるヒットとなった。[*1] 1000万ドル稼げたら伝説となるスタンダップコメディのライブ映画で、3200万ドルを稼ぐことに成功したのである。そしてリチャード・プライヤーやエディ・マーフィーと並ぶ記録という形でそのニュースが伝えられることで、ケヴィン・ハートの凄さが広まり、さらに人気を獲得していった。

ウィル・パッカーとケヴィン・ハートの蜜月は続き、2人で『きのうの夜は…』（2014年）と『ベストマン―シャイな花婿と壮大なる悪夢の2週間―』（2015年）を完成させている。『きのうの夜は…』は、タイトルが同じ80年代のロブ・ロウとデミ・ムーアが主演の恋愛ドラマのリメイクだ。『ベストマン』は、モテない男（ジョシュ・ギャッド）にあれこれ指南するのがケヴィン・ハートの役どころだ。両作品共に大ヒットとは言えないが、興行成績は初登場2位とまずまずの結果を残している。

2016年の『ライド・アロング2』以降、3人は一緒に仕事をしていないが、それぞれの分野でスターパワーを発揮している。ウィル・パッカーは、プロデューサーとしてN.W.Aの自伝映画『ストレイト・アウタ・コンプトン』（2015年）や大ヒットした『Girls Trip』（2017年／日本未公開）などに携わり、その地位を不動のものとした。ティム・ストーリーには、あの70年代ブラックスプロイテーションの金字塔『黒いジャガー』（1971年）が再びリブートされる『Shaft』（2019年公開予定）の監督に就任している。再びケヴィン・ハートと組む予定の2作品も制作待機中である。ハートは、ドウェイン・ジョンソンと共演した『ジュマンジ／ウェルカム・トゥ・ジャングル』（2017年）が大ヒットした。『ジュマンジ』はアメリカ国内だけでなんと4億400万ドルも稼ぎ出しており、絶好調が続いている。ケヴィン・ハートは単独で大勢の観客を呼べる大スターではないが、有名人とコンビを上手く組むことで成功している。しかもスターとコンビを組んだ時に相手を引き立てるのが上手い。だから重宝され、ヒットを産み続けているのだろう。

＊1：ちなみに歴代1位は『エディ・マーフィー／ロウ』で脅威の5000万ドルを稼ぎ、2位はスパイク・リー監督の『キング・オブ・コメディ』（2000年）3800万ドル、3位はリチャード・プライヤーの『Richard Pryor Live on the Sunset Strip』3600万ドル。

Think Like A Man
魔法の恋愛書

2012

監督●ティム・ストーリー
脚本●キース・メリーマン、デヴィッド・A・ニューマン
出演●マイケル・イーリー、ジェリー・フェレーラ、ミーガン・グッド、レジーナ・ホール、ケヴィン・ハート

コメディアンのスティーブ・ハーヴィが書いた恋愛指南本『世界中の女性が幸せをつかんだ魔法の恋愛書(原題：Think Like a Man, Act Like a Woman)』を原作にした軽快なラブコメ。黒人映画としては空前のヒットを記録した。マイケル・イーリーが自身の出演した『For Colored Girls』(2010年／日本未公開)をネタにした自虐ギャグを言っていたり、クリス・ブラウンが相手の女性の名前も覚えられないヤリ逃げ男を爽やかに演じていたりと、出演者がそれぞれの与えられたキャラクターを魅力たっぷりに演じているのが見どころだ。

Ride Along
ライド・アロング ～相棒見習い～

2014

監督●ティム・ストーリー
脚本●グレッグ・クーリッジ、ジェイソン・マンツォーカス、フィル・ヘイ、マット・マンフレディ
出演●ケヴィン・ハート、アイス・キューブ、ティカ・サンプター、ジョン・レグイザモ、ブライアン・カレン

強面な「10時10分眉」アイス・キューブと、マシンガントークコメディアンであるケヴィン・ハートのバディ映画。凸と凹。陰と陽。全く違う2人の個性が交わっていく様がコミカルに描かれている。キューブは、N.W.A時代からの自分のイメージを上手くジョークにして貢献しているし、ハートは絶好調のコメディアンなだけあって、彼の「何をしても許されてしまう」というチャーミングなキャラクターを上手く活かしている。しかしながら、映画として特筆すべき目新しさはなく、新鮮味に欠けている感は否めない。

『ストレイト・アウタ・コンプトン』と『ゲット・アウト』

練りに練られた『ストレイト・アウタ・コンプトン』の戦略

『ストレイト・アウタ・コンプトン』（2015年）は、アメリカ国内だけでも1億6100万ドルを稼ぎ、『ゲット・アウト』（2017年）はアメリカ国内で1億7600万ドルという、両作品共に脅威的な数字を稼ぎ出した。その結果、両作品とも日本でも小さな上映規模ながら無事に公開された。なぜ、この2作品が記録的なミリオンヒットになったのか？　その答えとして「両者共に非常に面白く、優れたエンターテインメント作品だった」というシンプルな回答もあるが、それだけではない、これらの作品のヒットは時代性を大きく反映している。その背景を考察してみよう。

『ストレイト・アウタ・コンプトン』は、80年代に誕生した5人組ラップ・グループ、N.W.Aの伝記映画である。ロサンゼルスのコンプトン出身であるN.W.Aのドラマ性が、この映画のヒットに大きく貢献している。メンバーと仲違いを起こし、憎まれながら早々にグループを去ったアイス・キューブ。本書でも何度も名前が登場している彼は、グループ脱退後に映画俳優・制作で大きな成功を収めている。キューブはそのキャリアで得た経験とノウハウを惜しみなく活かし、制作を先導した。ドクター・ドレは、エミネムやヘッドホンのブランド「Beats by Dr. Dre」のプロデュースで既に大成功しており、この映画のプロモーションでもそのプロデューサーとしての手腕を存分に発揮した。

N.W.Aと喧嘩別れしたアイス・キューブが、グループの元メンバーであるドクター・ドレと協力して仲良く映画のプロモーションをしているだけで、十分に話題になることを彼らは知っていたのだ。N.W.Aのファンならば、そんな彼らの姿をSNSで拡散したくなるに決まっている。

そして映画の中ではN.W.Aのリーダー、イージーEの死という悲劇が語られる。彼ら自身がその悲劇を語るだけで、観客の心を惹きつけることもお見通しだった。キューブもドレも、N.W.Aという青春時代とソロに転身した大人時代を経て、自分たちの何がどう人々を惹きつけるのかを熟知していたのだ。

もちろん、話題性だけで大ヒットするほど映画の世界は甘くない。映画館に多くの観客を呼ぶためには、優れた監督や俳優が欠かせない。監督はアイス・キューブのヒット曲「It Was a Good Day」のミュージックビデオの監督をしていたF・ゲイリー・グレイに決まった。グレイは、アイス・キューブのターニングポイントともなった『friday』（１９９５年）の監督も担当しており、２人の間には厚い信頼関係があった。グレイはニューヨーク生まれだが、育ちはロサンゼルスである。彼は『ボーイズン・ザ・フッド』（１９９１年）同様に、ロサンゼルスという街の風景や特徴も『ストレイト・アウタ・コンプトン』の物語の一要素として取り入れることで観客を魅了する才能を持ち合わせていた。

グレイ監督は、キューブの実の息子であるオシェア・ジャクソン・ジュニアをアイス・キューブ役に起用し、若き日のキューブを見た目から蘇らせた。そして、小さい体ながら弁が立ち、ビジネスの才に恵まれていたイージーE役にはジェイソン・ミッチェルという新人俳優を起用している。その存在は唯一無二で、代わりなどいないと思われていたイージーEだったが、このキャスティングは大当たりし、ミッチェルはあのイージーEの姿を見事に再現した。ミッチェルはこの演技が評価され、映画祭で多くの賞を獲得している。そしてこの映画のサウンドトラックは、N.W.Aのヒット曲がタイミング良くかかるだけでもう十分であった。

口コミで広がった『ゲット・アウト』

『ゲット・アウト』は、周到に宣伝方法が練られた『ストレイト・アウタ・コンプトン』とは真逆で、公開前は全くと言って良いほど話題になっていなかった。予告編が発表された時には、「なんだこれは？ ふざけているのか？」とマイナスの方向で話題になってしまっていたほどだ。ところが、劇場公開されるやいなや瞬く間に評判が広まっていった。予告編では決して分からなかった映画の全貌が明らかになったことで、その素晴らしさや面白さが観客に伝わったのだ。ツイッターやフェイスブックなどのSNSのおかげで、口コミは全世界にアッという間に伝わる。劇場で本作を観た観客たちが面白いシーンやセリフをイラストで描き、さらにパロディ化や風刺したミーム（Meme）という形でもどんどん拡散されていった。この映画は観客が絶対に語りたくなる内容で、皆をSNSで饒舌にさせたのだ。

予告編公開時には評判が良くなかったことで、最初は公開館数も少なかったものの、それを不満に感じた黒人の有名人がこぞって映画館を貸し切り、無料で映画館を開放したこともニュースとなった。それがやはりSNSで拡散され、さらに大きな話題を呼んだ。SNSでの評判を目にした人たちには必然的に「観たい！」という気持ちが生まれ、実際に見た人たちは「素晴らしい！」と絶賛し、その連鎖がＳＮＳで拡散され続けた。その先にあったのが、アカデミーの作品賞ノミネート、そして脚本賞受賞だったのだ。

脚本賞に輝いたのが、この映画の監督でもあるジョーダン・ピールである。ピールは『マッドＴＶ！』（１９９５～２０１６年）というヴァラエティ番組のレギュラーだった人物で、元々はスタンダップコメディアンだ。ピールは『マッドＴＶ！』で共演していたキーガン＝マイケル・キーと共に、ヴァラエティ番組『Key and Peele』（２０１２～２０１５年／日本未放映）を始め、知名度を得るようになった。ＴＶ業界で評価を得た２人は、子猫が活躍するコメディ映画『キアヌ』（２０１６年）で本格的に映画界に進出する。『キアヌ』はキーとピールが共同で制作し、ピールが主役と脚本を担当した。

ピールはサラ・ローレンス大学という名門に通っていたが映画を専攻していたわけではない。なんとほぼ未経験だったにもかかわらず『ゲット・アウト』で監督デビューを果たした。それでアカデミーの監督賞にまでノミネートされ、『ゲット・アウト』だけで凄い経歴となったのだ。『ゲット・アウト』は、「黒人対白人」という人種的対立の構図をホラーとして描いたことが素晴らしいが、恐ろしいだけではなく、コメディアンらしい視点で怖さとコミカルさを同時に描いた。それが今までにない新しい感覚だったのである。

『ストレイト・アウタ・コンプトン』と『ゲット・アウト』は両者共に大ヒットした作品であったが、スタート地点が違う。『ストレイト・アウタ・コンプトン』にはアイス・キューブやドクター・ドレやN.W.Aの元々もっていた知名度があり、公開前からSNSで話題であった。片や『ゲット・アウト』は公開後にSNSで拡散されていった。両者共にそのヒットには、SNSが欠かせないツールではあった。しかし、それ以上に観客を突き動かす力を持った非常に上質な作品であったことが大きい。

今後は、どのようなユニークなアイデアを持ったヒット作品が登場してくるのだろうか。

Straight Outta Compton
ストレイト・アウタ・コンプトン

2015

グループ結成から約30年を経て公開されたN.W.Aの伝記映画。彼らは激動の80年代後半から90年代前半のロサンゼルスで、マイクを武器に闘った戦士だった。当時から変わらない醜いアメリカの姿を証明するのが、彼らの代表曲「Fuck tha Police」だ。この曲は警察の暴力で命を落とした人々とその家族のアンセムであり、他の誰でもない自分たちの言葉で書かれた魂の叫びだった。コンプトン出身のケンドリック・ラマーは「N.W.Aは声を持たない俺たちの代弁者で、ヒーローだった」と語り、彼もまた同じようにマイクを握り、闘っている。

監督●F・ゲイリー・グレイ
脚本●アンドレア・バーロフ、ジョナサン・ハーマン
出演●コーリー・ホーキンス、オシェア・ジャクソン・ジュニア、ジェイソン・ミッチェル、オルディス・ホッジ、ニール・ブラウン・ジュニア

Get Out
ゲット・アウト

2017

黒人青年が、白人の彼女の実家へ出かけた週末に恐ろしい体験をするというホラー映画。アメリカでは、黒人が主役のホラーは生まれにくい。なぜなら黒人自身が「自分たちは賢い」と思っているからだ。怖い映画にありがちな「人里離れた怪しい山小屋」には行かないし、普段から危機管理能力に優れていて、少しでもヤバいと思ったら速攻で逃げる（と、彼ら自身がホラーを観ながらよく口にしている）。しかし、この映画は黒人監督でなければ、絶対に生まれなかった。なぜなら、黒人ならば一生に一度は想像してしまう恐ろしい出来事が描かれているからだ。

監督●ジョーダン・ピール
脚本●ジョーダン・ピール
出演●ダニエル・カルーヤ、アリソン・ウィリアムズ、ブラッドリー・ウィットフォード、ケイレブ・ランドリー・ジョーンズ、キャサリン・キーナー

『ブラックパンサー』のライアン・クーグラー

1986年5月生まれ

『ブラックパンサー』（2018年）のライアン・クーグラー監督は1986年5月23日にカリフォルニア州オークランドに生まれた。彼は生まれた時からブラックムービーの申し子となるような運命を辿っている。1986年は、スパイク・リー監督の『シーズ・ガッタ・ハヴ・イット』が生まれたのと同じ年なのだ。『シーズ・ガッタ・ハヴ・イット』がカンヌ国際映画祭で上映されたのが、クーグラー監督の誕生日と同じ1986年の5月。スパイク・リーという監督が映画界に誕生したとほぼ同時に、クーグラー監督がこの世に誕生したことになる。つまり、クーグラー監督の人生において「スパイク・リー監督作品がある」というのは当然のことだったのだ。

クーグラー監督は、映画監督として影響を受けた5作品のうち、スパイク・リー作品を2作も挙げている。[*1]『ドゥ・ザ・ライト・シング』（1989年）と『マルコムX』（1992年）がそれだ。『ドゥ・ザ・ライト・シング』に関して、クーグラー監督は「スパイクが映画でブルックリンを感じさせてくれたように、私も映画を作るならばあんな風に作品の舞台を家のように感じさせるリアルさで描いてみたい」と話している。『マルコムX』公開時、まだ6歳だったクーグラーは劇場で父の膝の上で観たことを覚えているそうだ。「あんなパワフルな黒人男性を見たことがなかった。そしてマルコムが殺された後、小さな子供たちが次々と出てきて〝私がマルコムXです〟というシーンを観て、〝これこそが映画だ！〟と思った。そして、〝これは映画という枠だけに留まらない存在だ〟とも思ったんだ」と語っている。

やがてクーグラー監督は、『ドゥ・ザ・ライト・シング』のように「舞台の街を家のように感じさせるようなリアルな演出」で、『マルコムX』のように「パワフルな黒人男性」が登場し「映画という枠だけに留まらない存在」となる作品を完成させる。『ブラックパンサー』だ。

アメフト選手から映画の道へ

ライアン・クーグラーは、いきなり映画監督になったわけではない。10代の頃はスポーツ万能で、高校時代に陸上とアメリカンフットボール選手として活躍し、アメフトの奨学金で大学に通い始めるも、怪我に泣いたという。大学では得意の化学を専攻していたが、アメフトのチームメイトに薦められて文芸のクラスを取るようになり、そこで文才を認められ、脚本を書くように薦められた。しかし大学側がアメフトのプログラムを終了してしまい、別の大学に移籍することになる。怪我も回復し、大学のアメフトチームで活躍し、金融学を専攻したが、可能な限り映画学科のクラスも取得していた。そしてクーグラーは大学卒業後に、ジョン・シングルトンも通った映画学科の名門、南カリフォルニア大（USC）の大学院に進んだのだった。学生時代に作った短編映画で賞も受賞し、これからを担う新星の映画監督となった。

大学院卒業後、初めて監督した長編作品が『フルートベール駅で』（2013年）である。この本を手に取って頂いた読者の皆さんもご存じであろうこの作品が、クーグラー監督の長編処女作だ。『フルートベール駅で』は、監督の故郷カリフォルニア州オークランドにて、2009年のお正月に実際に起きた事件が元になっている。22歳の青年オスカー・グラントが丸腰で無実だったにもかかわらず鉄道警察に発砲されて殺害されたのだ。この映画でクーグラー監督は車から流れる曲や人々の会話などから、実にリアルにオークランドという街を描いてみせた。それゆえに、オスカー・グラントいう青年が置かれていた現状や、ニュースなどでは決して感じることが出来なかった彼の人物像が浮き彫りとなり、この映画の結末が重く観客の心に残ることになったのだ。

主役のオスカーを演じたマイケル・B・ジョーダンの体当たりな演技も素晴らしかった。TVシリーズ『THE WIRE／ザ・ワイヤー』（2002〜2008年）や、『陽だまりのグラウンド』（2001年）という作品で知られた人気子役だったジョーダンを、大人の俳優へと成長させたのがこの作品だ。サンダンス映画祭で大賞と観客賞というW受賞、そしてカンヌ国際映画祭ではある視点部門の希望賞を受賞し、他の映画祭でもクーグラー監督とマイケル・B・ジョーダンは数々の賞を手にした。この映画をプロデュースしたのが、俳優のフォレスト・ウィッテカーである。

ウィッテカーは2009年頃に、自身の制作会社「シグニフィカント・プロダクション」を設立した。クーグラー監督はこの長編処女作によってフォレスト・ウィッテカーとマイケル・B・ジョーダンと出会い、そして撮影を担当した撮影監督レイチェル・モリソン、プロダクションデザイン担当のハンナ・ビークラー、音楽担当のルートヴィッヒ・ヨーランソンという最強の「クーグラー組」を結成していく。

『クリード　チャンプを継ぐ男』とクーグラー組

クーグラー監督が次回作に選んだのが、シルベスター・スタローンの名作『ロッキー』（１９７６年）のスピンオフ『クリード　チャンプを継ぐ男』（２０１５年）である。ロッキー（シルベスター・スタローン）の永遠のライバルであり親友でもあるアポロ・クリード（カール・ウェザース）のラブチャイルド（非嫡出子）のアドニス・ジョンソン（マイケル・B・ジョーダン）を主役にした作品だ。クーグラー自身がスタローンに直談判し脚本を読んでもらって、制作までこぎつけた。スタローンを口説き落とした脚本は、ロッキーの古くからのファンにとっても納得の出来栄えで、スタローンはリングには立たないものの、彼が再びロッキーを演じる姿を再び見られるだけでもファンは喜んだ。そしてロッキーがたくましく病気と闘う姿から、初代『ロッキー』を観た時のような勇気を再び貰った。

マイケル・B・ジョーダンは、父アポロのようなキラキラしたスター性と、何事にも果敢に挑戦していく姿と、愛する女性の前ではチャーミングな笑顔を見せるアドニス・ジョンソンという役を魅力的に演じていた。フォレスト・ウィッテカーと撮影監督レイチェル・モリソンは参加していないが、他のクーグラー組メンバーは再集結し、この人気シリーズのスピンオフ作品は完成させられたのだった。そして、本作は『ロッキー』以来の39年ぶりとなるスタローンのアカデミー賞へのノミネートを実現させた。

『クリード』が評価されたことでクーグラー監督だけでなく、クーグラー組のメンバーもそれぞれ認知され認められるようになってきた。クーグラー監督とはUSCの同窓生である音楽家のルートヴィッヒ・ヨーランソンは、チャイルディッシュ・ガンビーノ（ドナルド・グローヴァー）のアルバムのプロデューサーとしても知られているが、クリス・ロック主演・監督『トップ・ファイブ』（2014年）など映画音楽を毎年複数手掛けている。プロダクションデザイン担当のハンナ・ビークラーは、『ムーンライト』やビヨンセのビジュアルアルバム『Lemonade』（2016年）でも話題になり、時の人となった。レイチェル・モリソンは、リック・ファムイワ監督『DOPE／ドープ‼』（2015年）やディ・リース監督『マッドバウンド　哀しき友情』（2017年）などに参加している。『マッドバウンド』では女性初のアカデミー撮影賞ノミネートという歴史的快挙も成し遂げた。このようにクーグラー組は個々でも輝かしい実績を積み、彼らの才能がワカンダ王国に集結することになる。

『ブラックパンサー』映画化への道のり

ところで、ご存じの通り『ブラックパンサー』はマーベルコミックが原作である。そのマーベルコミック初の黒人スーパーヒーローが、ブラックパンサーである。しかし、先に映画に登場したマーベルの黒人ヒーローは『ブレイド』（1998年）だった。

マーベルは『アイアンマン』（2008年）が大ヒットして以降、『マイティ・ソー』（2011年）、スーパーヒーローたちが集結した『アベンジャーズ』（2012年）など、大ヒット作を連発していく。しかし、なかなかブラックパンサーの出番はなかった。

ブラックパンサーは、黒人の間で非常に愛されてきたコミックである。スパイク・リー監督の『ドゥ・ザ・ライト・シング』（1989年）の中には、「ブラックパンサーがピザを食べるんだから、俺たちも食べるのさ！」というセリフすらある。

『ハウス・パーティ』（1990年）のレジナルド・ハドリン監督は、マーベルコミックの巨匠スタン・リーから承諾を得てTVアニメ版『Black Panther』（2010年／日本未放映）を制作している。*2 このアニメはブラック・エンターテインメント・テレビジョン（BET）にて放映された。アニメ版にはブラックパンサーの妹であるシュリが登場しており、2018年の映画化にも多大な影響を与えている。このアニメを期に、ブラックパンサーの映画化への期待が高まっていった。

最初に『ブラックパンサー』映画化の話が持ち上がったのは1992年のこと。『ブレイド』に出演する前だったウェズリー・スナイプスがブラックパンサーの映画を制作する意向を発表したのだった。スナイプスは「ハリウッド映画で描写されるアフリカは非常に陳腐だ」と考え、ブラックパンサーを映画化することでそれを改善したいと思っていた。スタン・リーもプロジェクトに参加するほど進展したが、そこから先にはなかなか進まず、スナイプスが『ブレイド』のブレイクで多忙になったことや税金問題を抱えたことなどが重なり、いつの間にか頓挫していた。

2007年、『ブレイド』で共同プロデューサーをしていたケヴィン・ファイギがマーベル・スタジオの代表取締役に就任した。その頃にまた『ブラックパンサー』の映画化の話が本格化していく。一時はジョン・シングルトン監督で決定していたが、また座礁してしまう。

何度も頓挫しながらようやく今の形になったのが2014年だ。ケヴィン・ファイギが、映画『ブラックパンサー』を2017年に公開する予定だと発表したのだ。主役のティ・チャラ／ブラックパンサーは『42～世界を変えた男～』（2013年）でジャッキー・ロビンソンを演じたチャドウィック・ボーズマンが演じると発表された。さらに2016年の年明け早々にライアン・クーグラーが監督に就任したというニュースが飛び込んできた。『クリード』の成功がマーベルを納得させたのだ。

私はこのニュースを聞いた時、胸が弾むのを抑えきれなかった。映画というものは、いくら監督や出演者や脚本など……全てが優れていても、公開され、実際に観てみるまで、その映画が自分好みの優れた作品であるかどうかは分からないものである。ブラックムービーを長年追いかけていた私は常にそれを実感していたが、今回ばかりは「これは凄いことになるぞ！」と直感した。もしかしたら、『マルコムX』（1992年）のように黒人コミュニティを席巻する現象にすらなるかもしれないと、私は興奮していた。マイケル・B・ジョーダンをはじめとするキャスティングが次々と発表され、サウンドトラックをケンドリック・ラマーが手掛けることが決まった時「これは凄いことになる！」という私の直感は確信に変わった。

2018年2月16日、アメリカで『ブラックパンサー』が封切られた。公開と同時に大フィーバーとなり、第1週だけで2億200万ドルもの興収成績を叩き出した。そして『ゲット・アウト』（2017年）公開時のように、この映画のセリフやシーンがSNSなどで次々と拡散されていった。結局アメリカ国内だけで約7億ドル[*3]と、マーベル映画の中でも歴代1位の興行成績となり、アメリカの興行成績オールタイム・ランキングでも、『スター・ウォーズ／フォースの覚醒』（2015年）、『アバター』（2009年）に続いて第3位という歴史的快挙を成し遂げた。

若い黒人の化身キルモンガー

なぜこのような大フィーバーになったのか？　マーベル映画という「出せば当たる」巨大フランチャイズの作品で、初の黒人が主役の作品だ。「これをコケさせる訳にはいかない！」という黒人の観客の思いもあったが、実際に映画館に足を運ぶと、それを忘れさせてしまうほどに陶酔出来る、素晴らしい物語が展開されていたのだ。特にキルモンガー（マイケル・B・ジョーダン）というヴィランは、特に若者を中心に黒人コミュニティで愛された。なぜなら、キルモンガーは彼らの化身だからだ。

多くのアメリカ黒人たちの祖先は、奴隷にさせられるべく故郷から無理矢理引き離された人々だ。その子孫である彼らは、自分たちの本当の故郷を知らない。自らの意思でアメリカにやってきた白人の移民と違って、彼らの先祖には「アフリカのどこからやってきた」という記録すら残されていないのだ。[*4] 記録は残っていないが、「自分たちはアフリカからやってきた」であろうことは、自らの肌の色が証明している。

少年時代のキルモンガーが父に言った「道を外れたのは奴らだ。だから俺らを認めない」というセリフがある。日本語の字幕は物語を分かりやすくするよう意訳しているので、「道を外れた」となっているが、このセリフは英語では「Maybe your home is the one that's lost. That's why they can't find us.」である。ここで使われている「ホーム（Home）」と「ロスト（Lost）」には重要な意味がある。ホームは、映画の序盤でオコエ（ダナイ・グリラ）が、久々にワカンダに帰ってきたナキア（ルピタ・ニョンゴ）とティ・チャラ（チャドウィック・ボーズマン）

に対して「帰ってきました（We are home）」と嬉しそうな笑みを浮かべて言うセリフでも使われている。

このセリフは、ティ・チャラやナキアやオコエにとっての家（ホーム）はワカンダなのだということを示し、そこから彼らがワカンダそのものだというのが分かる。逆に、キルモンガーにとっての家はロスト（探せず仕舞い・迷子）であり、オコエのセリフと対比している。「道を外れた」のセリフを直訳すると「きっと父さんの家（故郷）の方が迷子なんだ。だから彼らは僕たちを見つけに来られないんだ」となる。実際に奴隷船に乗せられた人々は、いつか故郷アフリカが自分たちを見つけに来てくれるものだと思っていた節があり、『ルーツ』（1977年）にもそんなセリフがある。『ルーツ』で船に乗せられたクンタ・キンテは「僕たちを取り返しに来てくれるんだろう?」と同郷の男に話すのだ。

奴隷を祖先に持つ多くの黒人の若者たちとキルモンガーを結びつけたのが、終盤の「俺を海に沈めてくれ。先祖は船から身を投げた。鎖より死を選んだんだ」というセリフだ。この「先祖」とは、キルモンガーの母親（アフリカ系アメリカ人）の先祖のことを指している。キルモンガーの母親は本編に登場しないし、どんな人物なのか明らかにされていない。しかし、ヒントは隠されている。冒頭で、ウンジョブとズリが武器を用意して何か企んでいたシーンがあった。実は、あれは刑務所にいるキルモンガーの母を取り返すプランを立てていたという裏設定があるのだ。*5

また、ワカンダのアクセントで英語を話すティ・チャラたちに対し、アメリカで育ったキルモンガーは、アメリカ黒人と同じように話す。ここも多くの若者に親近感を感じさせたポイントだ。そういったちょっとしたセリフや言葉の節々で、アメリカの黒人観客は自分たちとキルモンガーを重ね合わせたのである。

魅力的なキャラクターとクーグラー組

もちろんキルモンガーの人気だけで本作がヒットしたわけではない。ブラックパンサーの強さと聡明さも大きな魅力だ。彼は同じアフリカの王子でも、『星の王子ニューヨークへ行く』(1988年)のアキーム王子ともまた違う、正統派な品のあるクールさを持っている。それでいて、ワカンダを守るためだけに強さとパワーを手にいれたというところも素晴らしい。

さらにこの映画では女性たちが非常に印象的だ。国を守るために愛するティ・チャラと別れてまで仕事を優先したナキア、マーベルのキャラクターで一番頭が良いとされているシュリ、そして女戦士軍団ドーラ・ミラージュを率いる最強の戦士オコエ、威厳に満ちた女王ラモンダ。

ここで名前を挙げた主要キャストは、黒人観客に勇気と希望を与える役柄ばかりであった。

ライアン・クーグラー監督によるこの壮大なワカンダ物語の世界観を支えたのが、『フルートベール駅で』からの旧知の仲であるクーグラー組だ。フォレスト・ウィッテカーはプロデューサーではなかったが、ズリというティ・チャカ（ティ・チャラの父）時代からワカンダの王位に支える重要な役を演じてサポートした。音楽担当ルートヴィッヒ・ヨーランソンは、アフリカのセネガルに飛び、数ヵ月そこで過ごして現地の空気を吸収し、そこで得たインスピレーションをスコアに反映した。プロダクションデザイン担当のハンナ・ビークラーは、ワカンダという架空の国を一から作り上げ、理想郷を作り出した。

今回初めてクーグラー監督と組んだのが、コスチュームデザインのルース・カーターである。彼女は『マルコムX』と『アミスタッド』（1997年）にて、2度もアカデミー賞にノミネートされているベテランだ。カーターはスパイク・リー組として知られており、クーグラーが影響を受けたという『マルコムX』も『ドゥ・ザ・ライト・シング』も彼女がコスチュームを担当している。カーターはアフリカの様々な文化を取り交ぜて衣装に反映している。まさに最強の制作陣がワカンダに集結したのだ。

ブラックムービーにとって大事な「パープル」

ところで、この映画ではオープニングから色使いが独特であることに気づく。例えばワカンダだけでなくMCU全体にとって大事な資源である「ヴィブラニウム」に影響を受けたハートの形をしたハーブはパープルである。そして、ハーブを体内に入れたティ・チャラが経験する幻想的なシーンでは、ブルーとパープル色の綺麗なワカンダが見られる。さらにブラックパンサーのスーツも、衝撃を受けるとパープル色が光り、衝撃を吸収し和らげる。クーグラー監督が意図的にパープルを選んだのかどうかは分からないが、パープルという色はブラックムービーにとって大事な色である。

『カラーパープル』（1985年）に『パープル・レイン』（1984年）、そしてインディペンデンスで『American Violet』（2008年／日本未公開）という映画も存在している。それぞれに深い意味があるが、『カラーパープル』のパープルは主人公セリーが持つ傷痕の色でもあり、『American Violet』でもやはり傷を意味していた。そしてセリーはとてもパープルが好きで、パープルには王族らしい気品、活気があり、神から愛を受けるに値する色という意味を信じていた。パープルに隠されている意味を調べれば調べるほど、それがワカンダに相応しい色であることが分かる。

『ブラックパンサー』という作品が、いかにブラックムービーにとって大切な作品であるか分かって頂けただろうか。最初に書いたように、クーグラー監督がスパイク・リー作品で感じた「パワフルな黒人男性」が「舞台となった街を家のように感じるリアルな描写」で「映画という枠だけに留まらない存在」となった作品がこれなのだ。

＊1：ライアン・クーグラーが影響を受けた5作品の他3作はジョン・シングルトン監督『ボーイズン・ザ・フッド』（1991年）。これも父と劇場で観ており、「リッキーが死んだ時やるせなくなった。黒人そのものを見ているようだった」と語っている。他に、ジャック・オーディアール監督作『預言者』（2009年）とアンドレア・アーノルド監督作『フィッシュ・タンク』（2009年）を挙げている。

＊2：レジナルド・ハドリンの『ブラックパンサー』。日本ではアニメ版は未公開のようだが、それがコミック本になった『ブラックパンサー 暁の黒豹』（小学館集英社プロダクション）は発売されている。

＊3：『ブラックパンサー』興行成績。私が今書いているこの段階では6億9900万ドルだが、本が出版される頃には7億ドルを超していると思われる。

＊4：白人移民の場合は移民局が置かれていたアメリカの玄関、ニューヨークのエリス島に記録が残っており、大抵は自分のルーツを探ることが出来る。

＊5：ウンジョブとズリの企みは、ライアン・クーグラー監督がインタビューで語った裏設定だ。銃などが隠されていたりしたのを見て察するに、キルモンガーの母は恐らくブラックパンサー党員であったのでないだろうか。ブラックパンサー党はクーグラー監督の故郷オークランドで結成されている。

Fruitvale Station
フルートベール駅で

2013

監督●ライアン・クーグラー
脚本●ライアン・クーグラー
出演●マイケル・B・ジョーダン、メロニー・ディアス、オクタヴィア・スペンサー、ケヴィン・デュランド

２００９年の正月に実際に起きた、黒人青年が警察官に銃で撃たれて死亡した事件の映画化。被害者のオスカー・グラント（マイケル・B・ジョーダン）は、ドラッグディーラーで、頼りない父親だったかもしれない。でも、殺されるべきだったのか？　ニュースや映画ではなぜか犯人を中心に殺人事件が語られがちだが、本当に語られるべき物語は、被害者側にある。クーグラー監督は、オスカーの物語を淡々と語る。放たれた銃弾は、被害者とその家族の生活の全てを一瞬で奪った。この映画は、その時に奪われたもののずっしりとした重みを突きつけてくる。

Creed
クリード　チャンプを継ぐ男

2015

監督●ライアン・クーグラー
脚本●ライアン・クーグラー、アーロン・コビントン
出演●マイケル・B・ジョーダン、シルベスター・スタローン、テッサ・トンプソン、フィリシア・ラシャド

不朽の名作『ロッキー』（１９７６年）から、39年を経て制作されたスピンオフである。『ロッキー』を超えるボクシング映画は想像しづらい。あのストーリー、あの音楽……ちょっと思い出しただけでも涙がこぼれる。『クリード』は、そんな名作を大切に、愛を込めて作り直すと、こんなにも良い作品になるのだ！　と知らしめた。何と言っても主演のマイケル・B・ジョーダンが最高だ。ロッキー（シルベスター・スタローン）を惚れさせてしまうほどのチャーミングさと、ファイターとしての熱い眼。ライアン・クーグラー監督による脚本も見事である。

Black Panther
ブラックパンサー
2018

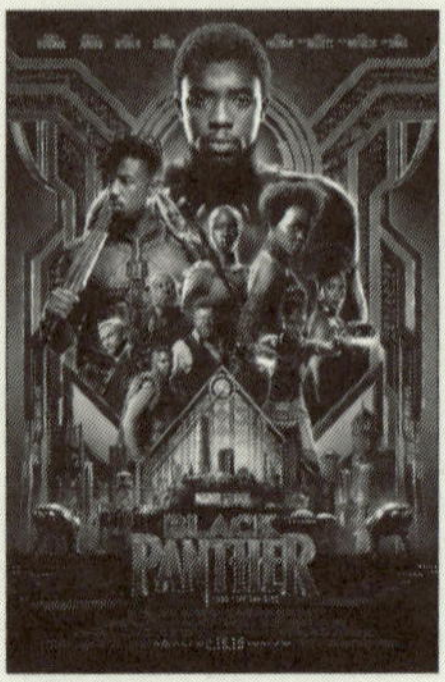

監督●ライアン・クーグラー
脚本●ライアン・クーグラー、ジョー・ロバート・コール
出演●チャドウィック・ボーズマン、マイケル・B・ジョーダン、ルピタ・ニョンゴ、ダナイ・グリラ、レティーシャ・ライト

架空の国「ワカンダ」の国王であり、ヒーロー「ブラックパンサー」でもある主人公ティ・チャラと、彼を取り巻く人々の物語。本作は「アフリカ・ファンタジー」とも称されるほどアフリカが賛美され、敬意が表された。キルモンガーにはワカンダの血も流れているが、父や同胞への愛に溢れる彼は、アメリカ黒人の歴史を背負う代弁者でもある。ティ・チャラの「ワカンダ・フォーエバー！」の言葉と腕をクロスする動作には「愛」という意味がある。この映画を観た後は皆「ワカンダ・フォーエバー！」と連呼したくなる。本作に溢れる「愛」がそうさせるのだ。

未来を担う注目の若手俳優

『ブラックパンサー』と『アトランタ』

これからのブラックムービーの展望を考察する意味も込めて、今注目すべき俳優をまとめよう。正直、簡素に上手くまとめる自信がない。というのも、最近は分刻みと言っても過言ではないほどのペースで才能ある俳優が誕生しているからだ。

まずは、『ブラックパンサー』（2018年）に出演したチャドウィック・ボーズマン、マイケル・B・ジョーダン、ダナイ・グリラ、ルピタ・ニョンゴ、ダニエル・カルーヤ、レティーシャ・ライト、ウィンストン・デューク、スターリング・K・ブラウンなどは言わずもがなである。ニョンゴは既に『それでも夜は明ける』（2013年）にてアカデミー助演女優賞を獲得し、カルーヤは『ゲット・アウト』（2017年）で主演男優賞にノミネート、ブラウンは、TV界でも活躍中でエミー賞とゴールデングローブ賞の両方を受賞しており、他のメンバーも賞を獲得する日は遠くないだろう。彼らはこれからブラックムービーのみならず、様々な作品に出演して主演・助演で大いに活躍していくことになるはずだ。

映画ではなくテレビシリーズだが、『アトランタ』（2016年～）のドナルド・グローヴァー、ブライアン・タイリー・ヘンリー、ラキース・スタンフィールド、ザジー・ビーツの4人も人気だ。彼らはお茶の間だけでなく、映画界も席巻し始めている。グローヴァーは、音楽の世界でも非常に注目を集めているし、『ハン・ソロ／スター・ウォーズ・ストーリー』（2018年）では若き日のランド・カルリジアンを演じた。

ペイパーボーイというラッパーを演じているブライアン・タイリー・ヘンリーは助演として多くの最新作に出演中だが、彼はブロードウェイなどの舞台にも立っており、トニー賞にノミネートされるほどの実力派である。

掴み所のないダリウスを演じているラキース・スタンフィールドも助演・主演どちらでも活躍出来、『グローリー／明日への行進』（2014年）や『ストレイト・アウタ・コンプトン』（2015年）という話題作に次々と出演している。ブーツ・ライリー監督の『Sorry to Bother You』（2018年／日本未公開）という作品の主演を務めていることにも注目だ。

ザジー・ビーツは、何と言っても『デッドプール2』（2018年）にてデッドプールの相棒ドミノを演じたことが話題で、今後も出演作が目白押しとなっている。

『ムーンライト』

アカデミー作品賞に輝いた『ムーンライト』（2016年）の出演者たちも注目を集めている。少年時代のシャイロンを演じたアレックス・R・ヒバートは、『ブラックパンサー』のラストシーンでティ・チャラに話しかける少年を演じている。また、『The Chi』（2018年～／日本未放映）というシカゴを舞台にしたTVシリーズでは主役に次ぐ重要な役でレギュラー出演している。

ティーンのシャイロンを演じたアシュトン・サンダースは『イコライザー2』（2018年）でデンゼル・ワシントンと共演を果たし、重要な役どころを演じた。黒人文学の名著「アメリカの息子」を原作としたリメイク作品『Native Son』（2019年米公開予定）では、主役を演じる予定だ。

ティーンのケヴィン役ジャレール・ジェロームは、『ファースト・マッチ』（2018年）というネットフリックス作品に出演し、エヴァ・デュヴァネイ監督の最新作『Central Park Five』（2019年米公開予定）では主役の1人を演じることが決定している。

大人になったシャイロンを演じたトレヴァンテ・ローズは、『ヘルウィーク』（2017年）というネットフリックス作品に出演し、『プレデター』シリーズの最新作『ザ・プレデター』（2018年）にも出演している。

大人時代のケヴィンを演じたアンドレ・ホランドは、スティーヴン・キング原作のHuluシリーズ『Castle Rock』（2018年〜／日本未配信）で主役に抜擢されている。彼は舞台でも活躍中で、ブロードウェイやロンドンではシェークスピアにも挑戦している。

元々ミュージシャンのジャネール・モネイは、『ムーンライト』以降、女優としても引っ張りだこで、『ドリーム』（2016年）での活躍は記憶に新しい。さらにロバート・ゼメキス監督の『Welcome to Marwen』（2018年／日本未公開）の公開が控えている。

そして何と言っても『ムーンライト』でアカデミー助演男優賞を受賞したマハーシャラ・アリの活躍は凄まじい。モネイと共に『ドリーム』に出演し、ネットフリックスシリーズ『Marvel ルーク・ケイジ』（2016年〜）のシーズン1では、極悪非道なコットンマウスを演じ、話題になった。『ロクサーヌ、ロクサーヌ』（2018年）という80年代半ばにヒップホップ界で起こった現象を描いた作品でも、主役ロクサーヌの凶悪な相手役を演じた。今後はロバート・ロドリゲス監督の『アリータ：バトル・エンジェル』（2018年米公開予定）の公開が控えている。

『ストレイト・アウタ・コンプトン』

西海岸ラップ・グループN.W.Aを描いた『ストレイト・アウタ・コンプトン』の5人のキャストは、公開当時は無名の若手俳優だった。まずオシェア・ジャクソン・ジュニアは『イングリッド―ネットストーカーの女―』（2017年）や『Den of Thieves』（2018年／日本未公開）に出演。『Den of Thieves』は日本未公開なのが残念な、硬派で面白い強盗クライム映画である。この映画は続編の制作も発表されており、ジャクソンも再び登板予定である。彼はハリウッド版ゴジラ映画最新作『Godzilla: King of the Monsters』（2019年米公開予定）にも出演しており、すっかり俳優としての佇まいが板についた。

ジェイソン・ミッチェルは、イージーE役で多大な評価を受け、ここ2〜3年で出演作の数が飛躍的に増えている。キャスリン・ビグロー監督の『デトロイト』（2017年）では事件の火元となる重要な役を演じ、オスカーでも数部門にノミネートされた『マッドバウンド　哀しき友情』（2017年）にも出演し、さらには大作『キングコング：髑髏島の巨神』（2017年）にも出演を果たした。『ムーンライト』のアレックス・ヒバートと共演したTVシリーズ『The Chi』では主役を務めている。

ドクター・ドレを演じたコーリー・ホーキンスは、ミッチェルと『キングコング：髑髏島の巨神』にて再共演し、人気TVシリーズ『24　TWENTY FOUR』（2001〜2014年）のリブート『24：レガシー』（2016〜2017年）の主役に抜擢された。スパイク・リー監督最新作『BlacKkKlansman』（2018年／日本未公開）では実在の人物ストークリー・カーマイケル（別名クワメ・トゥレ）を演じている。

DJイェラ役のニール・ブラウン・ジュニアは、数々の作品で名バイプレイヤーとして活躍中で、人気TVシリーズ『インセキュア』（2016年〜）では主人公の彼氏の友人役で度々出演している。トゥパック・シャクールとビギーの殺人事件を追った刑事を描く、ジョニー・デップ主演作『City of Lies』（2018年米公開予定）では、事件の重要人である汚職刑事を演じている。

MCレン役オルディス・ホッジは、『ドリーム』に出演し、逃亡奴隷を助ける地下組織を描いたTVシリーズ『Underground』（2016〜2017年／日本未放映）では主役を演じた。有望なアメフト選手が濡れ衣を着せられて逮捕され、刑務所暮らしとなった実話を映画化した『Brian Banks』（2018年米公開未定）では主役を演じている。

『デトロイト』『ゲットダウン』

1967年のデトロイト暴動中に実際に起きた戦慄の事件を描いた『デトロイト』（2017年）にも注目すべき若手が多数出演している。ジェイソン・ミッチェルについてはもう書いたが、ジョン・ボーイエガとアンソニー・マッキーという2人の安定感は最早ベテランの域に達している。イギリス出身のボーイエガは『アタック・ザ・ブロック』（2011年）で注目を集めて以降、『スター・ウォーズ／フォースの覚醒』（2015年）や『パシフィック・リム：アップライジング』（2018年）などの大作に出演し、若いながらも十分過ぎるキャリアを築いた。彼の出演作の中でも、ネットフリックス作品『インペリアル・ドリーム』（2014年）は特に素晴らしいのでお勧めしたい。

『キャプテン・アメリカ』シリーズにおけるファルコン／サム・ウィルソン役でもお馴染みのマッキーはもう既に中堅俳優であり、「若手俳優」として紹介するのが失礼なほどだ。

有名R&Bグループ「ザ・ドラマティックス」のメンバーの1人ラリーを演じたアルジー・スミスは歌って踊れて、演技も出来るマルチな新人だ。この映画でも非常に感動的な歌を歌っていた彼だが、R&Bボーカルグループ、ニュー・エディションの自伝TVミニシリーズ『The New Edition Story』（2017年／日本未放映）ではラルフ・トレスヴァントを演じた。この作品は、BETにとって最大の視聴者数を獲得するという成功を収め、今度はスピンオフでボビー・ブラウンの自伝映画が制作されている。『ソウル・フード』（1997年）のジョージ・ティルマン・ジュニア監督の最新作『The Hate U Give』（2018年米公開予定）では、主人公の人生に関わる重要な役で出演している。

ラリーの友人役フレッドを演じたジェイコブ・ラティモアは、この映画では歌っていないが、彼も歌える俳優の1人である。その歌声は『クリスマスの贈り物』（2013年）という作品で確認出来る。彼が主演したインディペンデンス映画『インフィニット』（2016年）は、『ゲット・アウト』のジェイソン・プラム制作で、ストリートマジシャンが生活のために始めた麻薬取引で窮地に陥るが、マジシャンらしく片を付けてしまう……というユニークなSF作品だった。ラティモアも、ジェイソン・ミッチェルとアレックス・ヒバートと共にTVシリーズ『The Chi』に出演中だ。

『インセキュア』に出演中のキャストも続々と映画に進出している。番組クリエイターで主役を演じているイッサ・レイは、作り手としても注目を集めているが、ジェイ・Zが注目俳優を集めて撮ったミュージックビデオ『Moonlight』（2017年）にも出演している。またアルジー・スミスも出演している映画『The Hate U Give』に出演した。他にも数作新作が待機している状態だ。

イッサ・レイの元カレのダニエルを演じたイラン・ノエルは、『パージ』シリーズの『The First Purge』（2018年／日本未公開）に出演したほか、チャンス・ザ・ラッパーの主演映画『Slice』（2018年米公開予定）にも出演しており、注目の新人だ。

ヒップホップの草創期を描いたネットフリックスシリーズ『ゲットダウン』（2016〜20

17年）に出演した若手にも注目だ。主役のエゼキエルを演じたジャスティス・スミスは、大作『ジュラシック・ワールド／炎の王国』（2018年）に出演し大役を得た。彼にはオファーが殺到しており、ハリウッドが制作する「ピカチュウ」映画『Detective Pikachu』（2019年米公開予定）への出演も決まっている。

シャオリン・ファンタスティックを演じたシャメイック・ムーアは『DOPE／ドープ!!』（2015年）の主役でも印象的だったが、ニコラス・ケイジやマハーシャラ・アリが参加している『スパイダーマン』のアニメ作品『Spider-Man: Into the Spider-Verse』（2018年米公開予定）では、マイルス・モラレス／スパイダーマンの声を担当している。他にもウータン・クランのRZA監督作『Cut Throat City』（公開未定）に出演した。

大人になったエゼキエルを演じたダヴィード・ディグスは、話題となったリン＝マヌエル・ミランダの舞台『ハミルトン』で有名になり、人気TVシリーズ『Black-ish』（2014年〜）にも度々出演。自身で脚本も手掛けた自伝的な作品『Blindspotting』（2018年／日本未公開）では主演を務めている。

キャデラックを演じたヤーヤ・アブドゥル＝マティーン二世は、ヒュー・ジャックマン主演の『グレイテスト・ショーマン』（2017年）に出演し、ネットフリックス作品『ファースト・マッチ』では主人公の父親役を熱演している。さらにDCコミックの映画化『アクアマン』（2018年米公開予定）では、ブラックマンタを演じていて、これからが楽しみな俳優だ。

ディジーを演じたジェイデン・スミスは……もう説明不要だろう。彼はウィル・スミスの息子で、公開待機映画が数作あり、伸び伸びと俳優業をしている。

ブラックムービーの未来を照らす俳優たち

ここからは出演作ではなく、俳優個人でまとめていきたい。『クリード　チャンプを継ぐ男』（2015年）にてアドニスの恋人役を演じたテッサ・トンプソンは、マーベル・コミックの『マイティ・ソー　バトルロイヤル』（2017年）でヴァルキリーを演じた。エミー賞などを受賞している人気TVシリーズ『ウエストワールド』（2016年〜）にもレギュラー出演している。

今アメリカで一番勢いのあるコメディアンヌが、『キアヌ』（2016年）にも出演していたティファニー・ハディッシュだ。彼女は『Girls Trip』（2017年／日本未公開）の好演で様々な賞を獲得したことで一気に注目を集めた。ケヴィン・ハートと共演の『Night School』（2018年米公開予定）、タイラー・ペリー監督『Nobody's Fool』（2018年米公開予定）、NBA選手カイリー・アーヴィング主演『アンクル・ドリュー』（2018年）などに出演。『サタデー・ナイト・ライブ』のレギュラーだったトレイシー・モーガン主演で『ゲット・アウト』のジョーダン・ピール制作のTVシリーズ『The Last O.G.』（2018年〜／日本未放映）では、モーガンの元カノ役で出演中。それだけでなく、2018年のMTVムービー&TVアワードは司会も務めた。今、休む暇など全くない超売れっ子状態だ。

デンゼル・ワシントンの息子で元アメフト選手のジョン・デイヴィッド・ワシントンも俳優に転身してから、続々と出演作が決まっている。ドウェイン・ジョンソンが制作のNFL選手やエージェントを描いたTVシリーズ『Ballers／ボウラーズ』（2015年〜）ではレギュラー出演しており、RZA監督作『愛・ビート・ライム』（2017年）では、主人公の女性と腐れ縁の男を演じていた。

スパイク・リー監督作『BlacKkKlansman』（2018年／日本未公開）は、カンヌ国際映画祭でパルム・ドールに次ぐグランプリを獲得し、スパイクの復活を大きく印象づけた。白人至上主義秘密結社クー・クラックス・クラン（KKK）を痛快にやり込めながらも、最後には観客を深く考えさせるというスパイクらしいずっしりとした作品だ。その主演に選ばれたのがジョン・デイヴィッド・ワシントンである。彼はKKKに忍び込んでしまう黒人刑事をのびのびと、そして堂々と演じており、これからが非常に楽しみで、偉大な俳優である父（デンゼル・ワシントン）と肩を並べる日を待ちたいところだ。本書はスパイク・リーから始まっている。なのでどうしてもスパイク・リーで終わらせたかった（この後にTVの章がありますが……）。

まだまだ名前だけでも紹介したい注目すべき俳優は沢山いるが、最初に書いたように、分刻みに注目株が誕生している状況で全てを網羅するのは不可能だ。新しいスターが次々に登場してくれれば、彼らが率先して新しい良質なブラックムービーをどんどん作り出してくれるはずである。彼らがブラックムービーの明るい未来を導いてくれる……そう信じる私は、彼らがこれから生み出す作品が楽しみで仕方がない。

日本未公開

Girls Trip

2017

監督●マルコム・D・リー
脚本●ケニア・バリス、トレーシー・オリバー
出演●ジェイダ・ピンケット＝スミス、クイーン・ラティファ、ティファニー・ハディッシュ、レジーナ・ホール

高校時代からの友人である女性4人組が主役のコメディ。舞台は黒人女性憧れのフェス「エッセンス・フェスティバル」。実際の会場で撮影が行われており、フェスに出演したニュー・エディション、マックスウェル、コモン、マライア・キャリーなど人気アーティストのステージを少しだけ見ることが出来るのが楽しい。出演者の中では、クイーン・ラティファの安定感が抜群で「こういう器の大きな役にハマるのは、彼女しかいない！」と思わせてくれる。ティファニー・ハディッシュが「女性版アイス・キューブ」的な乱暴さで笑いを取っているのもいい。

CHAPTER 5

TVシリーズ・ガイド

全てがでっちあげさ、
目を見開いて注意しておけ。
——ダリウス

Everything made up, stay woke.
——***Darius***

『アトランタ』(2016年〜)より

この章では映画に影響を与えているTVシリーズや、知っているとブラックムービーやブラックカルチャーを楽しめるシリーズ、または映画からTVシリーズになった作品などを、ざっくりと簡単にだが、まとめたいと思う。

本書では映画に関して「スパイク・リー以降」の80年代から追っているが、TVシリーズに関しては、それから少し遡って70年代から紹介させて欲しい。というのも、70年代のTVシリーズは、アメリカでは今も現役バリバリで再放送している名作が多く、それゆえ若者にまで多大な影響を及ぼしている作品が非常に沢山ある。

1970年代

例えば、未だにアメリカでは再放送されている『The Jeffersons』（1975〜1985年／日本未放映）。ラッパー、ネリーの2001年の曲「Batter Up」には、『The Jeffersons』のテーマ曲が使われ、しかも主役がミュージックビデオに登場している。『The Jeffersons』のクリエイターはノーマン・リアという白人男性だが、この時期、リアは黒人家族を描いたTVシリーズで大ヒットを飛ばしていた。レッド・フォックスが主役の、父と息子の2人暮らしを描いた『Sanford and Son』（1972〜1977年／日本未放映）、シカゴのプロジェクトに住む黒人家庭を描いた『Good Times』（1974～1979年／日本未放映）という、3シリーズは今でもアメリカのケーブルチャンネルのどこかで必ず再放送されているほどに愛されている作品である。『Good Times』からは、「ダイーノーマイト！」という流行語まで誕生し、途中からはあのジャネット・ジャクソンがレギュラー出演している。『Sanford and Son』と『Good Times』では生活が苦しい黒人家庭が描かれたが、『The Jeffersons』ではクリーニング店を成功させた裕福な黒人家庭を描いている。70年代はこの3シリーズがマストだ。

ブラックスプロイテーションの金字塔映画がTVシリーズになった『黒いジャガー』（1973年）は、日本でも日本テレビ系で放送していた。

映画『クルックリン』（1994年）にも登場する『ソウル・トレイン』（1971～2006年）も70年代に始まっている。音楽・ダンスだけでなく、ファッションも牽引していった番組だ。

2人の黒人少年をリッチな白人男性が養子に迎えるという『アーノルド坊やは人気者』（1978～1986年）は日本でも知名度が高い作品だろう。

1980年代

80年代は何と言ってもビル・コスビーの『コスビー・ショー』（1984～1992年）に尽きる。ニューヨークを舞台に、医者の父（ビル・コスビー）と弁護士の母（フィリシア・ラシャド）というプロフェッショナルな夫婦と5人の子供たちという上流家庭を描いたＴＶシリーズ。これがお化け番組と言っていいほどに大当たりし、主役でクリエイターのビル・コスビーはこの頃の長者番付で上位の常連だった。この番組からは、娘役で一番人気だったリサ・ボネ[*1]が主役のスピンオフ『A Different World』（１９８７〜１９９３年／日本未放映）も制作された。黒人大学を舞台にしたこのスピンオフも若者を中心に大人気となり、ジェイダ・ピンケット＝スミスなどのスターも誕生している。

『コスビー・ショー』と同じ年、『特捜刑事マイアミ・バイス』（１９８４〜１９９０年）も放送開始された。この作品はスタイリッシュなファッションも話題となり、人気を博した。ジェイミー・フォックスとコリン・ファレルを主演にした映画『マイアミ・バイス』（２００６年）としてリメイクされたのも記憶に新しい。

80年代末には、シカゴを舞台にし、貧しくもなく、かと言って上流家庭でもない、ごくごく一般家庭を描いた『Family Matters』（１９８９〜１９９８年／日本未放映）というＴＶシリーズが放映開始され、その後10年も続く長者番組となった。『ダイ・ハード』（１９８８年）でブルース・ウィリスと無線で通信する警察官を演じていたレジナルド・ベルジョンソンが父親役で、この作品でも警察官を演じている。妻と3人の子供たち、そして子供たちの同級生の隣人のアークル（ジャレール・ホワイト）が登場。スーパー・ナード（非常にダサい）なアークルがお茶の間の人気者になった。最近でも、ラッパーのドレイクが『サタデー・ナイト・ライブ』に出演した際に、アークルのモノマネを披露している。

トーク番組では、『The Arsenio Hall Show』（1989〜1994年／日本未放映）がお茶の間を席巻した。『星の王子ニューヨークへ行く』（1988年）にてエディ・マーフィーの親友セミ役を演じていたアーセニオ・ホールが司会の番組である。このような夜のトークショーは通常白人コメディアンが司会を任されていたが、ホールがホスト役を任され、大人気となった。彼は「ワウ、ワウ、ワウ」というドッグパウンド（犬の鳴き声）で番組を盛り上げるのが特徴的で、黒人男性の内輪受けのような有名人ゲストとの会話もヒップで、若者にとてもウケた。

1990年代

90年代は、映画同様に黒人TVシリーズブームがやってくる！　まず始まったのが、黒人版『サタデー・ナイト・ライブ』と言われているコント等が中心のバラエティ番組『In Living Color』（1990〜1994年／日本未放映）。『最終絶叫計画』（2000年）などで知られるキーネン・アイヴォリー・ウェイアンズ制作で、彼の家族であるデイモン・ウェイアンズ、キム・ウェイアンズ、ショーン・ウェイアンズ、マーロン・ウェイアンズ（途中のシーズン4から）というウェイアンズ家が総出演している。この番組はコントだけでなく、ヒップホップ系の音楽ゲストや番組を彩る女性ダンサー「フライ・ガールズ」が人気を博した。フライ・ガールズの振付を担当したのが、『ドゥ・ザ・ライト・シング』（1989年）などで女優としても知られるロージー・ペレスだ。あのジェニファー・ロペスもこのフライ・ガールズをきっかけにスターになった。今やオスカー俳優となったジェイミー・フォックスもシーズン3から出演し、あっという間に人気者となっている。さらにこの番組からは、デイモン・ウェイアンズ主演『モー・マネー』（1992年）や『ブランクマン』（1994年）という作品が間接的にではあるが生まれている。

ラッパーとしてグラミー賞を受賞していたウィル・スミスが、音楽界の重鎮クインシー・ジョーンズに見出されて開始したのが、『The Fresh Prince of Bel-Air』（1990〜1996年／日本未放映）という番組だ。タイトルのフレッシュ・プリンスは、ウィル・スミスのラッパー名でもある。フレッシュ・プリンスが、フィラデルフィアから弁護士の義理の叔父が住むロサンゼルスの高級住宅街ベルエアにやってきて巻き起こす騒動をコミカルに描いている。フレッシュ・プリンスの相棒ジャジー・ジェフがひょっこりゲスト出演して盛り上げていた。この番組でジャジー・ジェフが両手を挙げ降伏した状態で、叔父に手を下げろと言われ「嫌だね、この警官は銃を持っている。降ろした瞬間、背中に銃弾6発食らうんだ」というセリフがあり、これが2014年にミズーリ州ファーガソンで起きた警官によるマイク・ブラウン殺害事件と合致してしまい、SNSなどで「ジャジー・ジェフは正しかった」と大きく話題になった。放送が終了して20年以上になるが、ウィル・スミスはこの番組のキャストと仲が良く、今でもプライベートで交流しているほどである。

90年代は、ラップ老舗レコードレーベルのデフ・ジャムが『Def Comedy Jam』（1992～1997年、2006年／日本未放映）というスタンダップコメディの番組を開始した。司会に選ばれたのは『ハウス・パーティ』（1990年）などに出演し人気が上昇していたマーティン・ローレンスだ。スタンダップコメディアンたちが数人登場し、漫談を披露するだけの番組だったが、有料チャンネルのHBOで放送されていたのもあって、過激な言葉にも自主規制音（ピー音）が入らなかったので、若者を中心に人気となった。会場にいる観客のリアクションも大きく、盛り上がりがダイレクトにお茶の間に伝わった。そしてこの番組からは、まだ無名だったクリス・タッカー、バーニー・マック、デイブ・シャペルなどの若手コメディアンが多数羽ばたいていった。ウェイアンズ家族の『ポップガン』（1996年）のラストでは、マーロン・ウェイアンズが演じたロック・ドッグがこの番組のパロディで漫談をしている。

この番組で一番人気となったのは、司会のマーティン・ローレンスである。ローレンスがほぼ同時期に開始したのが『Martin』（1992～1997年／日本未放映）というシットコム（シチュエーション・コメディ）だ。主役のマーティンと恋人（ティーシャ・キャンベル）の同棲生活を中心に描きつつ、彼らの友人がレギュラー出演している。ローレンスがとても醜い女装をしたりとコメディ色が強かったが、内容は若者向けで大ヒットし、未だに再放送されている。

この『Martin』に似た番組が、クイーン・ラティファ主演の『Living Single』（1993〜1998年）だ。ニューヨークに住み、プロフェッショナルな仕事につきながら同居している独身女性4人の恋や悩みを描いたシットコムである。彼女たちと同じ若い女性に共感され人気となった。

90年代最後のヒット番組となったのが、コメディアンのクリス・ロックによるバラエティショー『The Chris Rock Show』（1997〜2000年）だ。この番組も比較的何でも許されるHBOにて放送されており、それがクリス・ロックの過激な芸風とピッタリと合って大人気となった。コントだけでなく、有名人ゲストも多彩でアレン・アイバーソンのようなNBAスターから、アル・シャープトンやジェシー・ジャクソンという活動家まで参加した。通常、こういったアメリカの番組では生バンドが演奏してショーを盛り上げるが、クリス・ロックは自分らしさを主張するために、DJの第一人者グランドマスター・フラッシュにレコードをスピンしてもらっていたのも特徴的だ。

2000年代

2000年代に入ると、黒人番組のブームは落ち着く。というか、黒人が主役のシットコムは目新しいものではなく、ごくごく当たり前となったのだ。90年代にキャリアを築いた人々が、クリエイティブな主導権を持つ制作側に回っていった。

『Girlfriends』（2000～2008年／日本未放映）という『Living Single』に似た女性4人が主役のシットコムでは、マーラ・ブロック・アキルという女性クリエイターが活躍した。彼女は元々『モエシャ』の脚本家だったが、才能が認められてプロデュースにも参加するようになった。アキルは今、夫で監督のサリム・アキルとコンビで様々なTVシリーズや映画を手掛けている。その一作が、DCコミックの黒人スーパーヒーロー『ブラックライトニング』（2018年～）である。

映画『ソウル・フード』（1997年）が当たり、それをTVシリーズ化した『Soul Food』（2000～2004年／日本未放映）も制作された。映画版で監督を務めたジョージ・ティルマン・ジュニアが番組クリエイターを務めている。

2001年には『The Bernie Mac Show』（2001～2006年／日本未放映）と『My Wife and Kids』（2001～2005年／日本未放映）という、お父さんが主役のシットコムが続けて登場し人気となった。『The Bernie Mac Show』はそのタイトル通り、コメディアンで映画『オーシャンズ11』（2001年）などでも知られるバーニー・マックが主演している。実子と姪を育てている愛すべきお父さんを演じたマックは、彼自身も実生活で姪を育てており、実体験を描いているようなシットコムだった。

『My Wife and Kids』は、デイモン・ウェイアンズが主演で、限りなく上流家庭に近い中流家庭を描いたシットコム。主人公は高校生の息子からまだ幼稚園児位の娘という幅広い年齢の3人の子供と共に生活している。デイモン・ウェイアンズがクリエイターの1人として、番組の質をコントロールした。

いわゆる黒人が主役・制作の作品ではないが、黒人の間でも人気となったのが、HBO制作の刑務所内での人種対立を描いた『OZ／オズ』（1997～2003年）やボルチモアの麻薬取引を描いた『THE WIRE／ザ・ワイヤー』（2002～2008年）だ。『OZ／オズ』は、ハロルド・ペリヌーやアドウェール・アキノエ=アグバエなどのスターを輩出した。『THE WIRE／ザ・ワイヤー』からは、イドリス・エルバやマイケル・K・ウィリアムス、そしてまだ子役だったマイケル・B・ジョーダンらが羽ばたいた。この番組は未だにSNSなどで引用され、度々映像や写真を見かけるほどだ。

コメディアンのデイブ・シャペルがコメディ専門チャンネルコメディ・セントラルで開始したのが『Chappelle's Show』（2003～2006年／日本未放映）だ。これは『The Chris Rock Show』に似た内容で、この番組は、リチャード・プライヤーの右腕で自身もコメディアンだったが、どうも裏方に回りがちだったコメディ界の大御所ポール・ムーニーを出演させ、ブレイクに貢献した。エディ・マーフィーの実兄で俳優もしていたチャーリー・マーフィーもこの番組をきっかけに再ブレイクを果たしている。チャーリーが弟エディと80年代に経験した大スター（プリンスとリック・ジェームス）との思い出を語り、シャペルがプリンスやリック・ジェームスに扮してそれを再現するというコントが大当たり。笑いの分かるプリンス本人がこのコントを大変気に入り、シャペルが自分に扮している写真をシングルのカバーに使ったほどであった。この番組は黒人だけでなく白人の若者にも大ウケし、コメディセントラルは破格の契約金5500万ドルで新シーズンの契約をしたが、番組を自分でコントロール出来ていないと感じたシャペルが新シーズンの途中でアフリカに逃避してしまい、大きな話題となった。そういった顛末があり、大変人気のあった番組ながら、実質たった2シーズンのみで終了している。

アニメ界からも新星が現れる。大学の新聞に漫画を掲載していたアーロン・マッグルーダーによるアニメ『ブーンドックス』（2005～2014年）だ。紆余曲折を経てTVシリーズ化されたこの作品は、クリス・ロックやデイブ・シャペルに似た感覚で差別問題を風刺し、直接的な言葉で描いて若者に受け入れられた。

2010年代

2010年代には、ションダ・ライムスというクリエイターがTV界を席巻する。彼女は『グレイズ・アナトミー 恋の解剖学』(2005年〜)を成功させた。さらに、ケリー・ワシントン主演の『スキャンダル 託された秘密』(2012〜2018年)が主婦層に大当たりした。ケリー・ワシントン演じる主人公の女性は政治スキャンダルを見事に封じてしまうやり手のフィクサーだが、実は自分自身が大統領と不倫関係にあり……というかなりドロドロした作品だ。

勢いに乗ったライムスは、今度はヴァイオラ・デイヴィスを主演に迎え『殺人を無罪にする方法』(2014年〜)を手がける。主人公は大学で法律を教える教授だが、自身が殺人事件に巻き込まれてしまうというスリラー作品である。

賞レースで好評を博したのが、アンソニー・アンダーソン主演で中流家庭を描いたシットコム『Black-ish』(2014年〜/日本未放映)だ。妻役のトレイシー・エリス・ロスの演技が好評で様々な賞にノミネートされ、ゴールデングローブ賞では黒人女優初となる主演女優賞にも輝いている。この番組のクリエイターであるケニア・バリスも注目を集め、映画『Girls Trip』(2017年/日本未公開)に脚本家の1人として参加している。

50セントが制作、そしてキャストとしても参加する『POWER／パワー』（2014年〜）も好調だ。Starzという有料チャンネルが放送しているが、この番組がStarzにとって史上最高の視聴率を取った。この番組で、ラッパーのケンドリック・ラマーが本格的に演技デビューを果たしたことも話題になった。

音楽と言えば、アメリカの音楽業界をオペラ調に描いた『Empire 成功の代償』（2015年〜）も人気だ。この番組が放送されるとSNSでは内容に関するキーワードが必ずトレンドの上位に上がる人気をみせている。

30分番組ながら大きな印象を残しているのが、ドナルド・グローバー／チャイルディッシュ・ガンビーノによる『アトランタ』（2016年〜）だ。この番組は既にゴールデングローブとエミー賞の常連作品となっており、日本人監督のヒロ・ムライが活躍している。

『マスター・オブ・ゼロ』（2015年〜）の脚本でエミー賞を受賞したリナ・ワイスによるドラマシリーズ『The Chi』（2018年〜／日本未放映）も話題作だ。この作品には『ストレイト・アウタ・コンプトン』（2015年）のジェイソン・ミッチェルと『ムーンライト』（201

6年）のアレックス・ヒバートが出演している。タイトルの『The Chi』とはシカゴのことで、シカゴ出身のラッパー／俳優のコモンと共同制作し、既にシーズン2の制作が決定している。

『ゲット・アウト』（2017年）をヒットさせたジョーダン・ピール制作の『The Last O.G.』（2018年～／日本未放映）も評判がいい。『サタデー・ナイト・ライブ』の元レギュラーであるトレイシー・モーガンが主演しており、放送開始から1ヵ月で既にシーズン2の制作が発表されている人気ぶりだ。

今、映画だけでなくシリーズドラマ界を席巻しているのが、ネットフリックスのオリジナルシリーズだ。今まで、日本上陸までかなりの時間を要し、下手をしたら上陸しないままのシリーズがいくつも存在する中で、ネットフリックスのシリーズは時差なく同時に字幕／吹き替えで観ることが出来る。これまで海外ドラマファンが泣いていた状況を一気に解消してくれた画期的なサービスである。数あるネットフリックス・シリーズの中でもとりわけ人気があるのが、マーベルコミック原作の『Marvel ルーク・ケイジ』（2016年～）だろう。シーズン1の配信開始日には、ネットフリックスの回線がパンクして、ダウンしてしまったという噂もある話題作で、既にシーズン2まで配信済だ。『ノトーリアスB.I.G.』（2009年）の脚本家チェオ・ホダリ・コーカーが番組クリエイターで、シーズン毎にテーマとなるラッパーを決め、そのラッパーの曲名がエピソードタイトルに使われるというアイデアも面白く、彼らしい。

映画からネットフリックス・シリーズ化された作品もある。ジャスティン・シミエンの『ディア・ホワイト・ピープル』（2014年）が『親愛なる白人様』（2017年〜）になり、スパイク・リーの『シーズ・ガッタ・ハヴ・イット』（1986年）が『シーズ・ガッタ・ハヴ・イット』（2016年〜）になった。今やスパイク・リーまでもが、ネットフリックスに頼る時代である。Huluやアマゾン・プライムでもストリーミングで見られるTVシリーズやオリジナルシリーズもあるが、黒人が主役・制作となるとネットフリックスからは大きな差が開いているのが現状だ。

昔からTVは家で観られるツールとして、わざわざ映画館にまで足を運ばなくても済む、とても身近な存在だった。しかし多くの番組は日本に入ってくることもなく、とりわけ黒人が主役の作品だと絶望的に少なかった。しかし時代は変わった。ネットフリックスやHuluというストリーミングサービスの存在が大きくその状況を変えたのだ。いつか、全ての作品が日米同時に見られるようになり、黒人という存在を身近に感じてもらえるようになることを願う。そうすれば、日本でも黒人に対する偏見が消えてなくなるという希望が見えてくる気がするのだ。

＊1：リサ・ボネ。レニー・クラビッツの元妻で、ゾーイ・クラビッツの母。現ジェイソン・モモアの妻。

あとがき

紹介すべき名作ながら載せることが出来なかった作品がいくつかあります。それは私の才能のなさが原因で、申し訳ない気持ちでいっぱいです。しかし、それだけブラックムービーには名作が多いという証拠でもあります。ただ、そういった作品は日本ではなかなか公開されず、ハリウッドでも「ブラックムービーは海外では売れない」と言われています。公開されないから情報がなく、知識も伝わらず、どんどん取り残され……その悪循環が招いた結果が「ブラックムービーは海外では売れない」という誤った考え方なのです。それは決して映画の質の問題ではありません。

私は80年代にアメリカ映画に興味を持ち始め、高校生でパブリック・エナミーにハマり、90年代には完全にブラックムービーに夢中になり、『マルコムX』（1992年）ブームをリアルタイムで体感しました。アメリカに渡ったのを機に、日本では観ることが出来ない数々のブラックムービーに触れて「アメリカにはこんなにも面白い作品があるんだ！」と驚いたことを覚えています。それならばと、ジオシティィーズで映画などの情報を発信するホームページを立ち上げました。どんどんブラックムービーに夢中になり、ホームページも本格的なブラックムービーサイトとしてリニューアルして、ブログも始めました。ロサンゼルスに住んでいた頃にネットフリックスのオンラインDVDレンタルサービスが始まり、子育てでバタバタしている中、外に出なくても映画が気軽に楽しめるので、本当に助かりました。その頃のネットフリックスが抱えているDVDラインアップはマニアックな作品が豊富で、未知の映画を発掘する楽しみを知ったのもこの頃です。……と、私がブラックムービーにのめり込んだ経緯を書いてみましたが、ハマるきっかけは人それぞれだと思います。私がこの本で紹介した作品の中から、1作でも興味を持って実際に映画を観て頂けたら、これほど嬉しいことはありません。

「はじめに」でも書きましたが「何がブラックムービーなのか?」という問いには正直、正解がないのです。黒人が主役ならばブラックムービーなのか……黒人が監督ならばブラックムービーなのか……黒人が主役でもブラックムービーとは呼ばれない作品は幾らでもあります。例えば、デンゼル・ワシントン主演・監督の『フェンス』(2016年)はブラックムービーですが、同じデンゼルの主演作でも、アントワン・フークア監督の『イコライザー2』(2018年)は、一般的にはブラックムービーとは言えないと思うのです。『フェンス』は登場人物が黒人だから経験した物語が描かれておりますが、『イコライザー2』はデンゼルが主演でなくても、白人俳優でも通用する物語が描かれておりました。それでも黒人が主演・監督なのだから『イコライザー2』もブラックムービーだ！　と言う方もいるでしょう。私自身も『イコライザー2』は、ブラックムービーだと思うのです。「黒人っぽくない黒人」も黒人だからです。日本では、未だにアメリカの黒人は「暴力や銃が野放しのゲトーに住んで、窮屈で過酷な生活を送っている人々」だと思われている節があります。私は、映画のレビューを書くことでそういった偏見を打ち砕きたいと常に思っています。もちろんそういう人も実際にいますが、そればかりではない。私が書いたレビューは全て本当のことであって、本音です。嘘は書いておりませんし、無理矢理に黒人の姿を捻じ曲げて書いているわけではないのですが、映画の中で「これは日本に住む皆さんが抱いている黒人のイメージとは違うかも？」と感じる部分を発見したら、具体的に何がどう違うのか、丁寧に分かりやすく書くようにしています。とはいえ、アメリカ黒人でない私がそんなことを書けるわけがないと思われる方もいるかもしれません。

バリー・ジェンキンス監督の最新作『If Beale Street Could Talk』（2018年米公開予定）の予告編で、主人公の女性がこんなことを言います。

「あなたがどんな辛い思いをしてきたか、私には分かるわ。だって、ずっと一緒にいたんですもの」

私のブラックムービーに対する思いも、このセリフと同じです。これからも一緒にいるつもりです。一緒にいるのが楽しくて仕方がないのです。本書を通して、そんな楽しみを皆さんと共有出来ていたら、幸いであります。

ところで、ブラックムービーの聖書ともいうべき、井上一馬氏の名著『ブラック・ムービー—アメリカ映画と黒人社会』（講談社）は１９９８年11月に刊行されました。あの本を手にいれた時、私は嬉しくて、夢中になって何度も繰り返し読みました。そんな私が20年後にこのような本を書けるとは夢にも思っておりませんでした。スモール出版の三浦修一さんには感謝の気持ちでいっぱいです。本を書きおろすことは私にとって初めての経験で、沢山のご迷惑をお掛けしたのではないかと存じます。三浦さんの格別のご高配を賜り厚くお礼申し上げます。そして、素敵な装丁をして頂いた餅屋デザインの折田烈さんに、深く御礼申し上げます。このような夢を実現させて頂けたのは、御二人のお力添えゆえのことであります。心より感謝申し上げます。スモール出版の皆さまにご尽力を賜り、厚く御礼申し上げます。

いつもお世話になっている雑誌『映画秘宝』編集部の皆さまに、厚くお礼申し上げます。普段からブラックムービーのことを取り上げて頂き、ありがとうございます。『映画秘宝』編集部の奈良夏子さんは、私にとって頼れる心強いオコエさんです。いつも誠にありがとうございます。そして、同じく『映画秘宝』編集部の馬飼野元宏さん。杏レラトは馬飼野さんによって始まりました。最初に頂いたEメールは今でも大事に保管しております。いつも相談に乗って頂き、何とお礼を申し上げてよいのか、感謝の言葉も見つかりません。衷心よりお礼申し上げます。『サイゾー』編集部の佐藤公郎さん、アーロン・ウルフォーク監督、翻訳家の押野素子さん、翻訳家の小林雅明さん、タワーレコードの稲村智行さんに深謝いたします。メールやSNSなどでメッセージを頂いた皆さまに感謝申し上げます。励みになります。執筆に夢中になりご飯を作り忘れるというミスの犠牲になった家族と、私の原稿が掲載された刊行物をいつも購入してくれる母にも感謝。そして本書は、ブラックムービーを作り続けている愛すべき人々へのラブレターでもあります。ワカンダ・フォーエバー、そしてブラックムービー・フォーエバー!!

杏レラト

本書の「重要作品レビュー」は著者のWebサイトやブログの記事を加筆修正したものです。

それ以外の本文はすべて書き下ろしです。

なお、映画の公開年に関しては『Internet Movie Database（IMDb）』を参照しました。

杏レラト（あんず れらと）

映画ライター、黒人映画歴史家、Webサイト『SOUL＊BLACK MOVIE＊』管理人。雑誌『映画秘宝』（洋泉社）をはじめ、劇場用パンフレットやWebサイトに寄稿し、日本では紹介されることの少ないブラックムービーのレビューや、アフリカ系アメリカ人俳優とコメディアンの周知活動を行っている。現在はアメリカ合衆国南部に在住。

ブラックムービー ガイド

発行日　2018年10月15日　第1刷発行

著　者　杏レラト

企画・編集　三浦修一（スモールライト）
装　丁　折田 烈（餅屋デザイン）
制作協力　室井順子（スモールライト）
校　正　会田次子
営　業　藤井敏之（スモールライト）

発行者　中村孝司
発行所　スモール出版
〒164-0003
東京都中野区東中野3-14-1 グリーンビル4階
株式会社スモールライト
［電話］　03-5338-2360
［FAX］　03-5338-2361
［e-mail］　books@small-light.com
［URL］　http://www.small-light.com/books/
［振替］　00120-3-392156

印刷・製本　中央精版印刷株式会社

Printed in Japan
ISBN978-4-905158-60-8